爱不要理由
要方法

旷志伟 著

人民东方出版传媒
People's Oriental Publishing & Media
东方出版社
The Oriental Press

图书在版编目（CIP）数据

爱不要理由要方法 / 旷志伟著 . —北京：东方出版社，2022.5

ISBN 978-7-5207-2752-5

Ⅰ . ①爱… Ⅱ . ①旷… Ⅲ . ①家庭教育 Ⅳ . ① G78

中国版本图书馆 CIP 数据核字（2022）第 058333 号

爱不要理由要方法
AI BUYAO LIYOU YAO FANGFA

旷志伟 / 著

策　　划：	鲁艳芳	
责任编辑：	金　琪	
出　　版：	东方出版社	
发　　行：	人民东方出版传媒有限公司	
地　　址：	北京市西城区北三环中路 6 号	
邮　　编：	100120	
印　　刷：	北京明恒达印务有限公司	
版　　次：	2022 年 5 月第 1 版	
印　　次：	2022 年 5 月北京第 1 次印刷	
开　　本：	880 毫米 ×1230 毫米　1/32	
印　　张：	7.25	
字　　数：	104 千字	
书　　号：	ISBN 978-7-5207-2752-5	
定　　价：	49.80 元	
发行电话：	（010）85924663　85924644　85924641	

love
目录

第 4 章　人际关系能力

第 5 章　自我意识能力

　　有人说，在中国，很容易就能认出谁已经为人父母，尤其是家有学生的父母。他们总是愁眉不展，有很多的困惑和压力。是啊，他们每天除了工作，还要投入很多精力去照顾和教育子女。因为大部分家庭都只有一个孩子，所以便更加战战兢兢、如履薄冰：孩子吃什么、穿什么、用什么都成为父母专门研究的内容。孩子出生的那一刻，我相信父母内心一定充满了初为人父、人母的欣喜，但那也意味着要背负更大的责任——生活压力本就很大，除此之外，还要花大量的精力、财力去照看与教育孩子，有的家庭甚至要照顾老人，这让原本已不轻松的年轻父母又背上了一份重重的压力。

　　那时，孩子还小，你每晚都得起床喂奶，第二天起床只能顶着大大的黑眼圈去上班；那时，孩子有个什么头疼脑热都会让你紧张得很，生怕他出什么问题；那时，你每天都会上网搜集各种有关育儿的资料，只是想对孩子的成长多些了解——多大会长牙、多久会爬、多大能学会走路、什么时候该学说话了……这些似乎成了你每天工作之外最关心的东西，你甚至都不再关心自己……

再后来，看着孩子慢慢长大，他开始叫你妈妈、爸爸，开始学会走路、学会自己穿衣服、吃饭……开始黏着你不停地喊"妈妈，快看""爸爸，快看"，虽然辛苦，但你内心里是满满的幸福……

再后来，随着孩子越来越大，你的担心和焦虑也变得越来越多：我现在的教育方式，真的正确吗？孩子跟我顶嘴我该怎样处理？有时候明知道不该发火，但还是忍不住，结果打骂了孩子，自己也很后悔……孩子特别喜欢电子设备，我该不该让他玩？孩子就是不爱阅读，这可怎么办？孩子见到生人不爱说话也不敢打招呼，我该怎么去鼓励他？孩子的生活习惯不好，这以后可怎么办？你对孩子，既有满心的期望，又充满了恐惧与焦虑——很担心自己没做什么，又或是做错了什么，而影响了孩子、耽误了孩子，担心孩子砸在自己的手里、不知道怎么培养孩子才是正确的……

好不容易孩子上了小学，这时，你发现自己更加忙乱了——不但要照顾孩子的生活起居，还要担心他的学习成绩。不知有多少妈妈常顶着压力早退请假、接孩子放学回家；回到家后，做完饭就要辅导孩子学习，感觉学校每天给孩子留的作业就像是给爸妈留的一样，大人要是不参与、不领着孩子做，孩子根本完不成；做完作业，还要督促他预习复习，领着他背古诗、背课文、背单词……班级搞活动，本是孩子们自己的事，可到头来搞得就像爸妈的活动一样，爸妈是否参与了班级的活动，甚至会影响孩子在班中的地位；可算到了周末，爸妈还得起个大早送孩子参加各种补习班，真是得不到半点休息。总之，孩子上小学，就像是父母也跟着重新上了一遍一样……

陪着孩子每天辛苦学习，自己累点也就罢了，但看着孩子也那么累、压力那么大，你更心疼了。你心疼孩子每天有那么多的作业，要参加那么多的补习班，但又担心只是让孩子快乐自由，成绩会一落千丈。此时的你更加纠结，想给孩子轻松快乐的童年，可身边家长却无一例外地让孩子加入了补习大军——这望子成龙似的"军备竞赛"，和孩子无忧无虑的"快乐童年"，到底哪个更重要？你非常地困惑与纠结……

孩子成绩好还行，如果成绩不好，麻烦又来了。你可能骂也骂过、逼也逼过，甚至打也打过，晓之以理、动之以情，可效果还是不好；你可能给他报了很多辅导班，请了家教，却依然一筹莫展。孩子就是不好好学习、说什么都没用，有时你甚至还觉得自己孩子是不是很笨，学什么也学不好，这让你更加焦虑、担心，甚至绝望……

孩子再大点，到了青春期，你发现他好像越来越不好管，任性、叛逆、顶嘴，怎么说都不行，怎么管都不听，让你非常委屈。更严重的是，孩子还开始沉迷网络，甚至早恋，这让你焦虑万分……

有的家长，也许自己的婚姻关系就不是很好，总是得不到爱人的支持和理解，但又找不到合理的疏解方式，也不知该怎样进行自我调整——这样一来，就更郁闷了……

是啊，当爸妈真是不易，不但要操心生活，更要照顾孩子、照看父母。工作压力已然很大，孩子的学习让自己更加头疼，一个人忙不过来，偏偏还得不到爱人的理解。

在此，我想对你说一句："辛苦了。"这本书的意义，就是要帮你解答教育困惑、厘清夫妻关系。

我虽不能帮你解决全部的生活问题，但至少能给你专业的支持和系统的方法，帮你培养一个懂事的、爱学习的孩子；更能给你提供理念和方法，帮你处理生活中各方面的关系。

当你有了正确的方法和有效的系统育儿理念之后，你的内心就会有一种确定感。我们之所以有焦虑，更多是因为内心不知道什么是对、什么是错。此外，我们也要对自己有一个合理的期待，不要期待能做一个绝对完美的家长，只要做一个足够好的家长就可以了。这样，孩子就会朝着健康的方向发展，既很科学，又很自然。

所以，从今天起，你不会再一个人面对这些难题，一个人承担这份焦虑。我们会陪你一起前行，当你在育儿或处理家庭关系上遇到困惑、深感焦虑、茫然无措时，我持续地支持你，让你在育儿的路上不再孤单。这本《爱不要理由要方法》中的13520亲子教育理论受训众多名家大咖的指点，具体的解读如下。

"1"是培养孩子的目标：让孩子能获得实现自我价值的幸福感。

"3"是指让孩子幸福的三个支持维度：自尊、自爱、自信。自尊：与自己的关系，做到内在和谐，能认识和接受自己所有优点和缺点；自信：与他人的关系，能做到与人交往时的和睦相处；自爱：与社会的关系，让孩子拥有维护社会和平的大爱。

　　"5"是指孩子成长过程中要拥有的五种能力：情绪管理能力、自我意识能力、社会适应能力、人际关系能力、学习发展能力。

　　"20"指的就是二十个关键经验。关键经验（Key experiences）是美国 HIGH/SCOPE 学前教育课程内容的重要部分，是对学前儿童一系列社会的、认知的和身体发展情况的描述。关键经验也是学前儿童在他们真实生活中应该出现的东西，换句话说，关键经验就是学前儿童正在做的事情。因此，熟悉了关键经验，我们就能将关键经验作为观察、描述儿童行为的工具，更好地理解某阶段儿童正在做的事，理解他们的想法，理解他们的兴趣和需要，并以关键经验来指导对儿童的教育，更好地支持儿童的发展。

自我意识能力
认识自我　尊重自我
自我控制　性别角色

社会适应能力
生活自理　挫折应对
合作分享　冲突化解
直面欺凌

与社会关系
与自我关系
自爱　自尊
自我价值
自信
与他人关系

情绪管理能力
情绪识别　情绪理解
情绪表达　情绪调节

人际关系能力
亲子依恋
师生关系
同伴关系

学习发展能力
专注力　记忆力
思维力　阅读力

　　这本书所能给到的方法，只是理论上的引领和操作内容上的专业指导，效果则需要家长在执行中去检视，整个过程中所有的亲子互动作业和教育方法就是你在育儿过程中的心路历程。正如英国教育学家斯宾塞所说："教育孩子其实就是在改造自己，二者具有同步性。"为人父母的路上，我们一起努力吧。

第 1 章

天赐的礼物

你是蒙受恩宠的

你是蒙受祝福的

你是被深爱着的

你是上天赐给我们的

最珍贵的宝贝

1.1　珍惜孩子到你家

当读到钱志亮老师的这篇文章时候，我热泪盈眶。在此，分享给所有的家长朋友们。

我们很感慨生命奇迹的伟大。人类的祖先从树上下地行走约有175万年，走到今天是多么的不容易！即使在有文字记载文明的年代，祖先们在历史的变迁中，也经历物欲的膨胀、世俗的影响、激烈的争夺、互相的蚕食、专制的束缚、思想的偏颇、人性的扭曲、心灵的变态，还有那一幕幕反文明、反进步的战争、侵略、动乱等恶剧、丑剧。走到今天，全世界需要一种超越种族、国家、社会阶层、文化程度、宗教信仰的大爱。

在芸芸众生里面，你和我真的非常幸运，因为我们成了万物之灵的人类，而不是其他动物或者植物，我们非常感谢自己的存在。在我们了解生命来之不易的艰难之后，才能真正去理解为什么要敬畏生命，为什么要尊重他人，为什么要守护你的孩子。

　　你知道吗？孩子来到这个世界有多么的不容易！孩子此生能跟你结这个缘，是多么的难！很多爸爸妈妈认为其实也没什么，只是在月黑风高的那个晚上，出于本能的释放，一不小心就有了他（她）。真的这么简单吗？要知道每个人从妈妈众多卵泡中间杀将出来，那就相当于前500强；每一个人都是父亲3到5亿个精子中间最快的那一个，也是唯一进入卵泡的那一个！可见你的孩子是幸运的优胜者。你是否又知道，每2个受精卵中就有1个可能着不了床，每15个胎儿中就有1个会遇到出生的困难，每25个新生儿中就有1个会有先天缺陷，每100个孩子中就有一个不能够长大到5岁。在这过程中，男孩的死亡比例更高。

　　为人父母的你是否明白：在现代社会中，孩子来到我们中间，可能会遇到家族遗传的问题、母亲生育年龄的问题、怀孕季节失策的问题、孕期营养失调的问题。如果还赶上爸妈不和睦，赶上没有好的教育方法，赶上过多的期望、过度的保护、过早的教育、教育方式的偏激、亲子失调等问题，可以想象我们孩子的成长之路是多么的艰辛。你想在养育孩子的过程中不出现任何问题，几乎是天方夜谭。

世界无穷大，孩子来到这个世界是多么的不容易；时间无限长，个人的生活何其狭窄，个人的生命又是那么短暂。一个生命的诞生是历史上两个来之不易的生命在特定的时间和地点不期而遇，相识、相知、相爱，最终为人父母，孩子降生在你们的家里，这又是何等的幸运，也许这就是人们所说的缘。我们做父母的有什么理由不为我们的孩子降生而感动呢？有幸成为孩子的父母是一件多么值得骄傲的事情。

因为缘，孩子才来到我们家，让我们当了家长；因为缘，孩子才来到我们的生命当中，让我们学会如何做合格的父母；也是因为有缘，你才会在乎他，不是在乎他的今天，而是在乎他的每一天，想让他一辈子过得好，于是你有了无限的爱和责任。

感恩孩子来到我们身边，他的出生看似顺其自然，其实需要太多的努力。珍惜孩子到你家，珍惜来到世界上这个独特的生命吧。尊重生命，敬畏生命，从爱你的孩子开始。让我们给孩子一个好的养育环境，让我们给孩子最好的教养方式，从此刻起，让我和你一起陪孩子长大。

　　亲爱的家长朋友们，当你读完以上内容，你的感受如何？为了能够帮助我们的爸爸妈妈珍惜和孩子的缘分，有几篇练习可以来做，自己先听，然后再尝试读给孩子听。练习的内容是：祈祷词《宝贝，有你真好》，一位失去孩子的母亲写的《已然来不及》以及董进宇老师写的《原谅》。当孩子感受不到爱的时候，当孩子有情绪的时候，当养育孩子的过程中无力的时候，都不妨把它拿出来读一读、听一听，唤醒你内心中那份纯真的爱。在此深深地祝福你和你的孩子。

　　《珍惜孩子到你家》爱的练习一：
　　听歌曲《我只是个孩子》，记录这首歌中让你感受最深的一句话；也可以写出自己的感受。

《珍惜孩子到你家》爱的练习二：

回忆一下，从怀孕到孩子出生，从孩子出生到现在，养育孩子的过程中让你最难忘的事，并记录下来。（如：艰难的怀孕、保胎时的卧床、分娩时的困难、养育的艰辛等过程）

1.2 宝贝，有你真好

爸爸妈妈的心肝宝贝，

很高兴你来到这个家。

你是个多么可爱的宝贝，

我们很高兴成为你的父母。

很感谢有你的陪伴，

很高兴你是个女孩，

很高兴你是个男孩，

你是独一无二、最珍贵的宝贝，

你是健康可爱的乖宝贝，

你是爸爸妈妈的心肝宝贝。

你不需要成为什么，我们才爱你，

我们爱你，因为你就是你。

你不需要和别人做比较，也不需要比谁好，

我们就爱你这个样子。

无论如何，我们就是爱全部的你，

世界上没有任何人可以取代你。

我们就是爱你。

你对我们的意义非凡，

我们会照顾你、陪伴着你长大，

我们会尽我们所能让你感到安全与被爱。

你是蒙受恩宠的。

你是蒙受祝福的。

你是被深爱着的。

你是上天赐给我们最珍贵的宝贝。

你是完美无缺的宝贝。

你是为了教导我们爱，

帮助我们灵魂的净化而来的；

你是为了发挥你独特的天分，

展现你的爱与善和美而来的！

在你身边将有很多人陪伴你、协助你、支持你，

发挥独特的天赋和才能！

这个世界因为有你而更完整、更美好。

这个家因为有你而更幸福、更温暖。

我们真的很爱你，我们就是爱你。

宝贝，有你真好。

我们会珍爱你一辈子。

宝贝，爸爸妈妈爱你。

宝贝，感谢有你。

宝贝，感谢！

1.3　已然来不及

曾允诺你，去远足，

你兴奋地把小背包备好，

在书桌旁，

一放就是一年。

现在，想出发，

摸着你背包上的灰尘，

一切已然来不及。

曾允诺你，买全套漫画，

你努力地一次次提高自己的成绩，

坐正、听话、力求态度达到标准，

但是似乎分数永远差那么一点。

现在，妈妈降低标准，

想立刻听到你读完漫画之后清脆的笑声，

一切，已然来不及。

曾允诺你，公园支个帐篷，

树上挂个吊床，

没有作业没有唠叨没有考试没有补习班，

就这么和蓝天白云待上一个下午，

但是似乎工作学习永远排在这个计划的前面。

现在，好想看到你草地上奔跑的小身影，

一切，已然来不及。

曾允诺你，教你做菜，

你开心地洗好小手，系好围裙，

但是因为你笨手笨脚地把鸡蛋捏爆，

被我呵斥得，

再也不敢进厨房半步。

现在，妈妈找回了耐心，

好想陪你一点一点慢慢长大，

一切，已然来不及。

曾允诺你……

一切，已然全然竟然这样来不及……

总以为，我们会有大把的时间，

挥霍分享，

来慢慢相伴，

来做你心中的警察或者超级英雄，

来一笔一笔画上你灿烂的未来。

却不知，

那天早上送你出门的阳光，

为何不会像往日那样，

用傍晚的余晖，

迎你回家。

孩子，如果我们的缘分这样浅，

你为何不早一点讲，

让妈妈好好地、耐心地、慢慢细品，

我们在一起的九年时光。

第一次啼哭第一次爬行，

第一次从幼儿园领回的小红花，

第一次笑第一次闹，

第一次学校拿回的一道杠，

你看摄像机里的你，

笑得那么甜那么无邪。

你的大眼睛平凡却温暖，

我想，是上帝也喜欢上你的笑了吧，

所以你选择默然离开。

这样地让人措手不及，

这样地让人心痛到昏厥。

想过吗？

你走了，那些玩具会哭，

不再有人对着它们喃喃细语。

你走了，那些书本会哭，

不再有人用小手分类往书架上整理排队。

你走了，你的小衣服会哭；

你走了，你种的植物会哭；

你走了，你养的小金鱼会哭；

你走了，你帮妈妈下载的小游戏，

也会哭啊……

你一定是调皮地躲在门口，

因为这次的分数懊恼不休；

你一定是路上贪玩，

不知不觉走到了别人旁边，

拽着人家的衣角叫妈妈；

你一定是迷恋玩具摊上哪一款新出的玩具，

或者新一期的爆笑校园，

转来转去，不肯回家。

或者，

你一定是和同学打闹，

被老师留在了学校，

等着妈妈去解救，

你这个不省心的小魔头。

亲爱的，

没买玩具的时候你会耍赖，

蹲在地上。

这次我可不可以也当一次小孩，

我可不可以耍赖，

求你别走，

可不可以乞求这个梦会醒来，

可不可以乞求时光倒流。

回来吧，再给我一天时间，

让我好好地爱你，

用一生的温柔和耐心。

不再冲你吼叫，

不再强停你的游戏，

不再盯着手机不理你，

不再嫌你脑袋笨、分数低，

做你心里的好妈妈。

宠你，用我毕生的母爱，

好好地疼你，

然而，这一切已然来不及。

孩子，

天堂里有成堆的作业吗？

天堂里有妈妈的咆哮和老师的训导吗？

天堂里有做伴的小朋友吗？

天堂里有可怕的土方车吗？

天堂里的灯是什么颜色？

你那么怕黑，胆子那么小，

没有爸妈的陪伴，

你会害怕吗？

这次你自己走路，

自己变成自己的英雄，

来世，让我们还做母子，

续完这辈子没尽的缘分。

我会做你心中的好妈妈，

耐心温柔，陪伴你，

每一天都当作最后一天，

不要再让一切已然来不及……

亲爱的家长朋友们，当我在朗诵这首诗的时候，我已经热泪盈眶。这是一个九岁孩子的妈妈在孩子遇到车祸以后写的一首诗，所以在此，我想呼吁每一位爸爸妈妈，看到孩子生命本来的样子，爱心目中的那一个孩子。当孩子还允许我们爱他的时候，好好地珍惜吧！

1.4　原谅

孩子，

原谅我把你带到了这个世界，

却没能给你真正的爱。

因为我误把爱的方式当成了爱，

我用冷漠与无情，

把你年幼的生命抛进了爱的沙漠。

孩子，

原谅我的冷酷和自私，

曾经把无助的你丢给电视、电脑和别人。

而我却沉溺在无意义的应酬和无聊的娱乐之中，

我在事业的高尚名义下，

让初到这个陌生世界的你遭受无边的孤独和恐惧。

孩子，

原谅我的无知和愚蠢，

曾经那么粗暴地打骂你。

而我还理直气壮地认为都是为你好，

我在爱的美丽旗帜下，

残酷地摧毁了你娇嫩的生命花蕾。

孩子，

原谅我的私心和专横，

曾经那么不通情达理地逼你学习。

让最美好的学习留给你的全是痛苦的记忆，

我用自己未完成的理想和虚荣，

剥夺了你童年的欢乐，压垮了你柔弱的臂膀。

孩子，

原谅我的任性和顽固，

在你哀求的目光下我仍不肯做出改变。

因为我把过时的教育理念当成了真理，

我固执地用拙劣的教育方法，

让你幼小的心灵经受了那么多的苦难和屈辱。

孩子，

原谅我的一切过错吧，

因为那些都不是我的初衷和心愿。

在我痛苦的胸膛中始终跳动着一颗爱你的心，

为了你，为了你的未来我必须学习改变和成长，

今后我要用行动来让你知道我是多么地爱你。

第2章

家庭教育的误区

你爱的是心目中的好孩子

还是孩子本身

家庭教育的内容

不是培养优秀的孩子

而是成长自己

2.1　孩子的问题一定是父母的问题

　　被称为"每个人的家庭治疗大师"的美国著名心理治疗师萨提亚说："孩子没有问题，如果孩子有问题，那一定是父母的问题"。为人父母的你认同这句话吗？当你听到这句话的时候，你的感受是什么呢？你的心情又如何？是难受、愧疚、后悔还是其他？

　　对这句话我不是很认同。家庭教育的最大误区是：孩子有问题，一定是父母的问题。

　　首先，父母需要的是指导而非指责。当某些专家用这句话来指责家长没有完成好父母角色的时候，这个专家就失去了作为教育者的慈悲。指责是为了推销自己的教育观点，还是为了引起父母的自责？指责能让父母真的做出更有效的改变吗？作为专家，有没有看到一个妈妈十月怀胎的含辛茹苦？有没有看到育儿过程中的焦虑和困惑？有没有看到为人父母"放下工作养不活孩子，拿起工作陪不了孩子"的心酸和无奈？有没有看到在信息爆炸时代，面对这么多的育儿知识，作为父母到底该学什么？从哪里学？又该如何学？

其次，一个孩子的成才受四个维度的影响，先天因素、养育环境、教养方式，以及孩子的气质类型和性格特点。

先天因素受遗传基因、妈妈体质、孕期的心情和营养、出生方式等方面的影响，很多时候不是人为因素能够左右的。

养育环境更是如此。有的家庭认为，我们要松弛下来，要发现孩子的喜好，要尊重孩子的个性，要引领孩子发现自我，而不是一定要考上名牌大学。有的家庭认为，我们必须拼了，要不停地刷题，要死记硬背，要用填鸭式教育逼孩子走出贫困和大山，要考上重点大学。

他们的观点没有对错。每个孩子生下来，都是没有办法选择父母的，每个人的生长环境是不一样的。作为孩子的父母，我们要时刻提醒自己：我们没有那么多平台和资源，但该陪伴时，绝不偷懒；该引领时，绝不推责；该奋力一举时，绝不错失机会。在这个基础上，有多大劲使多大劲，有多大力使多大力；能给孩子创造多少条件，就创造多少条件；能抽出多一点时间陪伴，就抽出多一点时间；能引领孩子走多远，就引领孩子走多远。而作为孩子，你想要得到更多尊重，创造更多价值，获得更多自由，就要在一路跋涉中，走向更高平台，碰撞更大自我。因为只有这样，你才能成长为更好的自己。

教养方式需要学习吗？面对现在的孩子，你还会说"以前我的父母没有学过，不也把我养得很好吗"这种话吗？对不起，那个时代已经一去不复返了，社会环境已经发生了翻天覆地的变化。现在的家庭基本都是一两个孩子，家庭关系相对简单，孩子没有在大家庭生活的机会，不能帮助他了解人与人的不同，学习人际交往，掌握必要的社会技能。而在以前，从兄弟姐妹到亲戚邻居，孩子们可以天天跟十几个孩子在一起。玩的过程中，自己比不上人家怎么办，跟别人性格不同怎么办，有些人特别凶怎么办，和谁闹别扭怎么办……所有这些社会技能，孩子们在不知不觉中就学会了，而不良情绪也在不知不觉中化解了。但是现在的孩子没有这种机会，这些责任全落在了父母身上。

　　父母的教养方式对子女的发展和成长至关重要。让你确切说明父母对你说教的每一个细节是很困难的，但我们每个人都对父母对待我们的方式有深刻的印象。

　　家庭教养方式有四种类型。

　　权威型——控制＋爱（接受），高控制、情感上便于接受的温暖式教养方式，对儿童个性的发展有积极影响，易使孩子形成亲切温和、情绪稳定和深思熟虑的性格或者形成独立、直爽、积极协作的性格。

　　专制型——控制＋不爱（拒绝），控制有余，爱心不足。

　　娇宠型（放任自由型）——不控制＋不完全爱，爱得不理智，控制不足。

　　冷漠型（漠不关心型）——不控制＋不爱，这类父母既缺乏对孩子爱的情感和积极反应，又缺少对其行为的要求和控制，亲子间交往甚少，父母对孩子缺乏基本的关注与了解，对孩子的一切行为举止采取不加干涉的态度，会给孩子一种被忽视的感觉。

　　我们一看就知道，第一种教养方式是最好的，也可以从网上找到一大堆如何做到最好的方法：如何正确爱孩子、如何尊重孩子、如何相信孩子、如何做好榜样……这些都是理论，要想在生活中做到，需要手把手地教。

每个人身上都有一些与生俱来的特性，它是通过遗传而来的，相对稳定并且难以改变，这些特性我们称之为"气质"。每个孩子生而不同，这是他们表现出个体差异的因素之一。婴儿期的孩童已经具有不同的气质，比如当一只飞虫落在不同的婴儿身上，他们会有不同的反应，有些婴儿比较淡定，而有些婴儿就会反应过度、哇哇大哭。气质决定了我们天生会爱什么类型的人。一个人身上会同时体现出不同的气质，但是某种气质会更加突出。孩子天生有四种气质类型。

多血质。感受性低而耐受性较高，具有可塑性和外倾性；情绪兴奋性高，外部表露明显，反应速度快而灵活。代表人物：孙悟空。

胆汁质。感受性低而耐受性较高，反应的不随意性占优势，外倾性明显；情绪兴奋性高，抑制能力差；反应速度快，但不灵活。代表人物：李逵。

黏液质。感受性低而耐受性高，情绪兴奋性低；内倾性明显，外部表现少；反应速度慢，具有稳定性。代表人物：刘备。

抑郁质。感受性高而耐受性低，严重内倾；情绪兴奋性高而体验深，反应速度慢；具有刻板性，不灵活。代表人物：林黛玉。

不同气质类型的孩子需要不同的教育方式。我们应该遵循孩子的先天气质，并不是要规避孩子的缺点，而是要找到符合孩子性格的教养方式，理解并且接纳孩子的个性，更好地引导和影响他们，因材施教。

《孩子的问题一定是父母的问题》爱的练习一：

扫码完成父母多态教养测试问卷。

《孩子的问题一定是父母的问题》爱的练习二：

扫码完成气质类型测试问卷。通过本次测试，你将了解到自己的气质类型，以及隐藏在气质背后的人格特质，并针对你的气质类型，提供培养孩子的参考小建议。

2.2　把爱的形式当成了爱的内容

现在我要问你一个很无聊的问题："你爱孩子吗？"我问这个问题的时候，你可能会笑："肯定的，我不爱孩子，难道爱你？"你可能还会回答："当然爱，不爱孩子我怎么会为孩子付出这么多？"

再追问一句："你会爱吗？你是怎么爱的？"这个时候你还能理直气壮地回答出来吗？陪伴是爱；严格要求是爱，给孩子想要的，力所能及是爱；为孩子忍受无爱的婚姻也是爱……

北师大陈健翔教授在《爱，可能是中国家庭教育中最糊涂最混乱的一个问题》一文中指出：我们市面上、书本上所说的"爱"，绝大部分不是真正的爱，而是"爱欲""偏爱""溺爱"；是各种各样"爱"的现象。这样理解的"爱"，并非爱的本质，它非常容易转为"恨"！

当"爱"不涉及内在本质而只是随时变化的现象时，它就容易变成某种工具。所以我常说，"中国家长的爱里，经常藏着一个计算器"——爱，成了需要计算投资回报率的经济学概念。

家长们、老师们非常便利地使用这种"爱"的概念，实际上可能只是口号，以达到自己的目的——对孩子进行控制和诱导。

但是，家长与老师收获更多的是"恨"，这是他们运用这种手段最直接的结果，然而他们却不明白其中的原因。

这就是现代家庭教育、学校教育出现内卷（系统性退行）和两极分化（没有空间，没有回旋余地，没有必要的冗余度）的原因之一。

陈教授提出"爱本体论"和"本爱教育"，提出"爱可爱非常爱"的命题，就是想探索一下这方面的问题。

学习了陈教授的观点后，再多问一句：你是爱你心目中的好孩子，还是爱孩子本身？

孩子打架的时候，你还爱他吗？如果孩子考个零分回来，你还爱他吗？如果孩子偷了别人的东西，你还会爱他吗？你爱的是心目中的好孩子，还是孩子本身？你爱的是你期待的孩子，还是孩子此刻的样子？

面对 12 岁以下的孩子，你问："宝贝，妈妈爱你吗？"

孩子可能会回答："爱！"

等孩子 12 岁以后再问："儿子，你觉得妈妈爱你吗？"

孩子可能沉默，还可能极不耐烦地说："问了这么多次，你烦不烦！"然后摔门而去。

这就是知道爱，却感受不到爱！所以我想说："会爱才是爱，不会爱是伤害。"

在这里，有一个例子：有一天你渴了，你去买了一瓶矿泉水。请问："水瓶重要还是水重要？"

你肯定会说："水重要。"是的，如果这瓶水是爱，那么水和水瓶一个是内容，一个是形式。水的价值比水瓶更高，是因为我们可以换不同的容器来装水，也就是说内容大于形式！哪些行为是爱的形式而不是内容呢？当父母回答怎么爱孩子的时候，会有很多答案：给他吃的，给他穿的，送他上学，陪他玩，帮他报补习班，为了孩子起早贪黑，忍受无爱的婚姻……但这些都是爱的形式，不是爱的内容，所以家长习惯把爱的形式误当成内容。

而真正的内容是什么？爱的内容就像阳光和空气一样珍

贵，得到很容易，少了又很难滋养万物。爱的内容是：柔和的目光，温柔的语言，积极的肢体表达，以及无条件的接纳。

这才是爱的内容，如含情脉脉地看着孩子，轻轻地跟孩子说话，可以抱抱孩子，拉孩子的手，搭孩子的肩膀，还有无条件地接纳孩子。

不是接纳孩子不当的语言行为，而是接纳孩子不当语言行为背后的情绪与动机；是接纳他打架背后的原因，以及他不会处理人际关系的现实；是接纳他考个零分回来，失去学习动力的原因；是接纳他偷别人东西背后的欲求缺失。

你还记得吗？在你的孩子刚生下来的那一刻，你看他的眼神，你听到他在床上温柔和均匀呼吸的感觉，你会轻轻地跟他说叫妈妈／爸爸，你会把他抱起来，怎么亲也不够。那一刻，不管他是尿湿了还是大哭起来，你都会无条件地去接纳他。所以爱是一个生命对另一个生命情感上的付出，是情感之间的交流。三毛也曾讲过："爱如禅，不能说，不能说，一说就会错。"爱很多时候只能意会，不能言传。因此，孩子感受到了的，才是爱！

你爱错了吗？希望从今天开始你也能重新捡回那份无条件的爱，那就是：温柔地看着他，用轻柔的声音跟他讲话，和他有积极的肢体接触，并且去接纳他不良言行背后的情绪和动机。这就是爱的内容。

当然，学会爱孩子之前，问问自己我们爱自己吗。真正的爱是没有期待的，爱自己满溢出来的部分才是属于对别人的爱。如果你拥有了一份没有期待、没有渴望、没有要求得到回报的爱，那该是多么美好的一件事情。

不知道读到这里，你的感受如何呢？你是否愿意再被问及以下这几个问题：你爱孩子吗？满分是十分，你给孩子打几分？你爱的是心目中的好孩子，还是孩子本身？孩子能感受到你的爱吗？你是否一直把爱的形式当成了内容呢？

最后分享一句有点残忍的话：所有的爱是为了相聚，只有父母的爱是为了分离！

希望所有的父母都能好好地爱自己的孩子。

《把爱的形式当成了爱的内容》爱的练习一：

请用几个词说说你期望中孩子的样子，他应该具备什么样的特征，并说出自己的理由。

《把爱的形式当成了爱的内容》爱的练习二：

爱的内容主要有哪四个方面？在孩子临睡前，含情脉脉地看着孩子，温柔地和他说说话，不妨再好好地抱抱他，和他分享一件你小时候的趣事，可以每天坚持。

2.3 把培养孩子某种品质当成目标

你想培养一个什么样的孩子？问十个家长可能有十个答案：自信、独立、感恩、有用、快乐……其实我们很多时候会把培养孩子的某种品质当成培养孩子的目标。我在前言中介绍 13520 亲子教育理论的时候，就提到培养孩子的目标是把孩子培养成能够通过实现自我价值而获得幸福感的人。简单来讲，培养孩子的目标就是让孩子过得幸福。

什么是幸福？幸福能定义吗？其实幸福没有定义，但是我们可以给幸福做很多解释。比如说，此刻我在写这篇文章，想到有千千万万的家长能读到它，能感受到我的教育理念，我想我是幸福的。此刻你有能力购买我的书，有可能你觉得是幸福的；此刻你看到孩子慢慢地长大，你觉得是幸福的；对于双目失明的人来说，能看到东西，就是幸福的。所以幸福没有必要去定义，每个人都可以对它做出不同的解释。

在这里，让我们拿起纸和笔，来画一条横轴。横轴左边画个加号，写上"现在快乐"，右边画个减号，写上"现在不快乐"；接着在横轴的中间垂直地画上纵轴，上方画个加号，写上"将来有成就"，下方画个减号，写上"将来没成就"。

于是我们清晰地划分出四大区域。

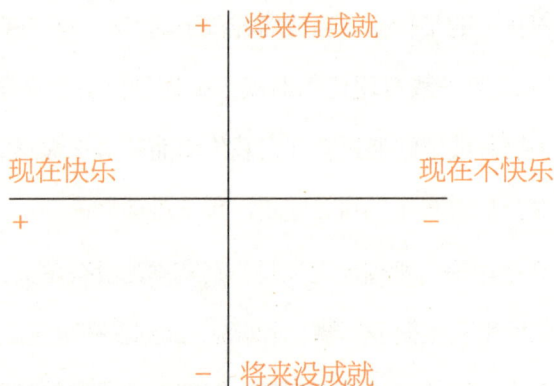

```
                    +  将来有成就
                    │
                    │
                    │
        现在快乐     │        现在不快乐
    ────────────────┼────────────────
        +           │           −
                    │
                    │
                    │
                    −  将来没成就
```

我想问，你想把孩子培养成将来有成就的人呢，还是想让他成为一个既有成就又快乐的人呢？我相信所有家长的选择都是两者都要，我不禁想说：你真的太贪心了。

其实啊，这是每个家长朴素的心愿，在后续的内容中，我将详细讲解如何让孩子既能快乐成长，又能实现成就。

第一个区就是将来有成就、现在也快乐幸福，这才是我们培养孩子的目标。如果用一个词来概括，这个区就是"一生幸福"！

但是到了第二个区，将来是有成就，可是现在不快乐，那会是什么样的呢？我们把这个区里的人称为把成功当成幸福的人。什么叫成功？有人认为，要么有钱，要么有权。那么有钱有权一定幸福吗？当然不一定！请记住这句话：一个阴暗的童年绝对不可能衬托出光辉、灿烂的一生。

第三个区：现在不快乐，将来也没有成就。那该怎么办呢？于是这类人就把解脱当幸福。有时候我们会听见学校有孩子自杀的报道，当然这只是极个别情况，更多的孩子沉迷在网络里，从虚拟世界中去找快乐、找成就。你希望孩子处在这个区吗？

生活就是这个样子，你培养孩子的目标在哪里——是想让他有实现自我价值的幸福，让他把成功当幸福，还是把解脱当幸福，或者是把享乐当幸福呢？在第 3 章中，我将会告诉你怎样去陪伴孩子，让他获得快乐的能力。我将会在第 5 章，讲如何尊重孩子的思维自由而去实现他的自我成就。

社会是一个金字塔，你希望你的孩子在塔尖、塔中、塔底还是地基处呢？我在调研中发现很多家长希望自己的孩子在塔中，但如果一个社会只有中间的精英人才，这样的社会会稳定吗？

有人说过：能者安邦治国，无能者独善其身，两者同样的重要！有能力的人就去为国家的兴盛、安定出一分力，成为社会的栋梁之材；没有能力的人就要照顾好自己，过好自己的小日子。《中庸》中也有一句话：致中和，天地位焉，万物育焉！最好的教育是让每个人找到合适的位置，并且在这个位置上得到发展。我们家长要做的事情是尽自己已有的物质条件和能力，给孩子的未来创造更多的可能性。至于孩子能够成为什么样子的人，那是他自己要走的路。祝福我们的孩子能有获得幸福的能力，并且一生幸福下去。

《把培养孩子某种品质当成目标》爱的练习一：

你觉得生命中最幸福的事情是什么？

《把培养孩子某种品质当成目标》爱的练习二：

根据文章中的内容，画出幸福坐标。想一想如何能让孩子现在有快乐，将来有成就。

《**把培养孩子某种品质当成目标**》爱的练习三：

面对现在的社会环境和繁重的学业压力，为了守护孩子的幸福，你将会怎么做？

2.4 把对孩子的担心当成是负责任

我们的一生很多时候都在担心中度过的，我们总是有太多的担心：求学的时候，担心自己不能上好的学校；找工作的时候，担心自己找不到好的工作；找到工作，担心自己遇不到好的领导，担心自己的事业没有前景；找对象时，担心不能走到一起；结婚后，担心爱人不能幸福；当我们有了孩子后，我们就会把这份担心投射到孩子身上。

怀孕的时候，担心孩子不健康；孩子小的时候，担心他吃喝拉撒睡，担心他生病；上幼儿园了，担心他不能适应幼儿园生活，会被同学欺负；上小学了，担心他行为习惯不好，学习成绩不好，将来没有好的工作、好的生活；孩子参加工作了，担心他工作找得不好，担心他钱挣得不够多；再后来，回到像担心自己一样担心孩子找对象、成家、过日子。总之一句话：养儿担心无尽头！

在这份担心之下，为人父母者都希望孩子过得比自己好，想帮助他们少走点弯路，可到了生活中却把对孩子的担心当成了负责任。

　　我们来看看矛盾父母的具体表现：一方面想要一个创意十足的孩子，一方面为管束孩子寻找理由。于是我们最爱说的话是："我爱你，才管你；我爱你，才担心你；我爱你，才打你！"可这是真的吗？我们的爱真的必须用担心、打骂来表达吗？我们的爱人、孩子，真的需要我们的担心吗？其实所有的担心与孩子无关，而是来自我们内心的深层恐惧。我们恐惧不够安全，于是我们把希望放在孩子身上，借由孩子的好来提示自己是安全的。

　　这一切的心理模式，让我们不敢信任孩子，不敢信任孩子可以照顾好自己。我们不信任孩子会为自己做出最好的选择，我们不相信孩子本是完美且能自足的。我们相信的是孩子没有能力照顾好自己，我们相信的是孩子总能做出错误的决定，我们相信的是孩子本身就有很多问题。

　　当我们不相信孩子能照顾好自己时，我们就凭空生出了很多无谓的担心，从而制造出很多问题。因此，有一种冷叫妈妈觉得孩子冷，父母会为天冷了是否要让孩子多加件衣服而发生争吵，会为让孩子先写作业还是先玩而争吵，会为孩子今天该做什么事情发生争吵，会为孩子该什么时候洗澡而发生争吵。而这一切，只是因为我们没有真正去面对自己的内在恐惧，对自己不信任，我们是在发泄自己的恐惧。当担心时，我们往往会焦虑，会联想到很多自己不希望发生的结果。

因此，如果我们真的爱孩子，那就应该去面对自己内在的深层恐惧，去接纳自己、信任自己。可如果我们现在暂时还没有勇气去面对自己的恐惧，怎么办呢?

第一，相信孩子，管住自己的嘴巴。在生活中，你习惯性地想说话、想提醒、想干涉时，先管住自己的嘴巴，给自己和孩子一点时间和空间，看看会发生什么。往往你会发现，如果你不说，孩子会做出对自己最有利的选择，也许有时会因为单次选择而吃亏，但你要相信，这份吃亏是福，他会在这个挫折中有所成长、有所担当。所以请相信，父母改变1%，孩子会改变剩下的99%。

以本人为例，女儿 15 岁，以前每天都要催她洗澡，现在我不吭声了，女儿反而主动起来了。以前出门，都是私家车接送，呵护备至，现在不操心了，她可以做自己想做的事情，于是她懂得了怎样进行自我管理。在线辅导课程买回来快一年了，每次让她学都要发生争吵；现在好了，她居然会主动运用学习软件预习和复习功课。以前每次考完试，都是我追着她分析试卷、改错，彼此都不开心；现在都是她主动来找我，请我帮她分析试卷。以前到周末，我的时间全部都给她，陪她上补习班，给她做饭，我觉得累，她还觉得我烦；现在把她的事全部还给她，我轻松了，她也慢慢地学会了自己照顾自己。

当我们开始真正相信孩子时，我们会发现那个原本能量十足的孩子，会展现出特有的能量，他们完全可以照顾好自己。

第二，与其担心，不如祝福。当你的担心升起时，要立刻将担心转化为祝福。请看下面的案例。

案例一：有一天我陪孩子在院子里玩，过了一会儿，来了四五个小学生，他们在假山上爬上爬下，玩得不亦乐乎。宝贝很快就被感染了，也跟着那几个孩子一起在假山上爬上爬下，而且还追着那几个小学生玩。我的担心立刻升起：他摔着了怎么办？本能地就想要让他下来，他还是要爬，当我觉察到我已经把对孩子的担心当成了对孩子的负责后，我便开始把担心转化为祝福——宝贝一定是安全的，他可以照顾好自己，如此念了几遍，感觉到自己的心情平静了。一个小时后，宝贝很开心地回来了。

案例二：孩子出生后，发现他有先天性心脏病，加上我是大龄得子，所以对这个孩子特别照顾，总是担心他生病，担心他出意外。为了这个孩子，我把公司都交出去了，全身心地在家和保姆一起带孩子。结果我的孩子都快两岁了，连稍微粗点的东西都吃不进去，只能吃流质或半流质的东西，身体状况很差。走路走不稳，脾气也特别不好，我担心得不得了。后来我学着放下担心，给予孩子很多的"允许"，允许他摔着，允许他碰着，允许他玩他喜欢玩的东西。每当习惯性的担心出现时，我就将其转化为祝福，于是我自己的情绪平稳了，也就有时间做些其他事情了。孩子的身体健康了很多，笑声也多了，家里的氛围也好了。所以面对孩子的种种担心，真的要把担心转化成祝福！

"当担心一起，就转为祝福，这样做感觉真的很好。"我与很多家长分享过这个观点，这些智慧的父母回去之后，也如实照做，不仅用于亲子关系，还延伸至夫妻关系。以前当爱人回家晚时，头脑中总是胡思乱想，担心他出意外；一打电话，总没好语气儿；爱人回来后，就数落他，结果双方都不高兴，常常为这样的事争吵……现在当担心再起时，就祝福他，再面对他时，自己的心情很好，也不说抱怨的话了，夫妻关系和谐了很多。祝福，真的比担心更有意义。

2.5　把教好孩子当成家庭教育的全部

每当我问起很多家长送过孩子礼物吗，家长都会毫不犹豫地回答："当然送过。""那你送过什么礼物？"也许他们会说："我送过孩子玩具、公仔、学习用品等。"当我继续提问："送礼物的时候，你觉得什么样的礼物是最好的呢？"其实这个问题在我女儿刚出生的时候，我的老师就问过我，我想了很久，尝试着做了一些回答："给她一个幸福的童年，一个和谐的家，一个好的陪伴，或者是更多的爱。"但我的这些回答都一一被老师所否定。

老师说："给孩子最好的礼物是让自己成为一个高品质的父母，给孩子高质量的陪伴。其实家庭教育不是怎么教好孩子，而是如何使自己成长！"

怎样才能使自己成长，成为一个高品质的父母呢？

第一，锻炼好自己的身体。我们都是中年人，上有老下有小，如果老人家的身体好，能够帮我们洗衣、做饭、带孩子，这都是在帮我们减轻育儿的压力。孩子交给自己的爸爸妈妈带，我们也会很放心。所以说老人家的身体好是我们的福气，同样，如果我们的身体好也会是孩子的福气。为了不折孩子的福气，我们更有理由拥有一个健康的身体。

第二，管理好自己的情绪。很多时候，妈妈在面对孩子时都容易情绪化。有一天孩子回来跟你说："妈妈，我想吃苹果。"你可能因为打麻将赢了钱，心情不错，所以你把苹果削好，并且切成小块，还插上牙签，孩子觉得妈妈是世界上最好的妈妈。可到了二天，可能因为跟一个同事生气，当孩子跟你说"妈妈，我要吃苹果"时，你马上就会凶孩子："你除了吃，还会干什么？"孩子这个时候就纳闷儿："我妈怎么了？我做了什么错事让我妈妈不开心？"

曾经有篇文章题目是"妈妈的情绪平和是最伟大的教育"。英国心理学家温尼科特在书中提到：当母亲（主要照顾者）怀着一种愉悦的心情来为婴儿喂奶、换尿布，甚至是干普通的家务活时，婴儿能够感应到母亲产生的发自内心的愉悦，从而变得鲜活，他们的成长就会充满了生机活力。如果碰上一个喜怒无常、极端暴躁、缺乏耐心的父母，一个优秀的孩子可能会被毁掉。因为父母的惩罚和暴躁只会让这些孩子对父母产生更强烈的抵制和否定，而这样的结果只会让亲子关系越来越紧张。

不要总是说孩子有问题，其实父母也许就是问题的答案。一个好家长要做到三个字：第一个字是"柔"。我们的情绪应该是温柔的，我们就像大地一样，承载着孩子一切的情绪。第二个字是"静"。当孩子有问题的时候，我们要静静地去等待他成长，慢慢地体会孩子问题背后的情绪和动机。当心平气和时，你才能更好地去陪伴孩子成长，并且看见孩子的成长。第三个字是"弱"。弱，是实现对孩子的托举。喜欢处处占上风的父母，孩子容易站在下风，最后甘愿留在下风，这样的孩子没有竞争性，也没有向上的动力，还可能发展至另一个极端，即他会用叛逆、破坏的方式来完成自我畸形的成长。

第三，要持续不断地成长。有一个犀利的女作家曾写过一篇文章，内容是"40岁死，80岁埋"，描述的就是现在中年人的状况。文中讲的是中年人到了40岁的时候，有了房子，有了车子，有了孩子，觉得一切都心满意足了，所以披着一副躯壳日复一日、年复一年，行尸走肉般地活在这个世界上。他们停止了对生命意义的探索，停止了成长的脚步。可是，当你过着枯燥的日子时，我们该用什么样的方式去影响我们的孩子呢？

人慢慢地变老了，孩子也慢慢地长大了，孩子在你的生活态度中看到他自己未来的样子，所以他也丧失了成长的动力。这也就是现在很多孩子没有学习欲望的根本原因，所以我们需要先让自己成长起来。

教好孩子不是家庭教育的全部，家庭教育也不应只是怎么教好孩子，要是该如何使自己更好地成长！

《把教好孩子当成家庭教育的全部》爱的练习一：

你为孩子放弃过你自己的生活吗？这些放弃给你带来了什么样的变化？

《把教好孩子当成家庭教育的全部》爱的练习二：

锻炼自己的身体，管理好自己的情绪，持续不断地成长，这三个方面，你做到了几点？你是如何做的？

第 3 章

情绪管理能力

没有不好的情绪

只有不被接纳的情绪

没有可怕的情绪

只有不被认可的情绪

3.1　情绪的认识

在心理学中，情绪是对一系列主观认知经验的统称，是多种感觉、思想和行为综合下的心理和身体的状态。简单地讲，情绪是多种感觉、思想和行为的综合，是认识这个世界经验的通称。那么，情绪有哪些类型？

情绪可以分为基本情绪和复合情绪。基本情绪是人与生俱来的，指的是喜、怒、哀、惧。复合情绪是由基本情绪衍生出的大概 500 个描述情绪的词语。如胆怯是胆小和害怕的组合，愉快是愉悦和快乐的组合。

我们主要说说基本情绪，它是与生俱来的，是随时随地发生的，它是出于本能的。所以请思考一下：关于喜、怒、哀、惧，你觉得哪个好？哪个不好？

有的人会说，只有喜是好的，其他都是不好的；也有的说，其实每种情绪都是真实的，没有好与不好之分。但是你是否想过，在平时教育孩子的时候，你是怎么做的呢？

孩子哭的时候，你会不会安慰他"别哭"，甚至拍拍他的背告诉他，"宝贝，别哭，妈妈带你去买好吃的"，你会用转移孩子情绪的方式处理。孩子生气的时候，你会指责他："你看你这么大了还生气；为这点事居然会生气，我还没生气，你就生气；自己做错事情了，居然还敢生气……"你会用你的情绪去压制孩子的情绪。当孩子不敢上台表演，当他说"妈妈我怕"的时候，你会讲："别怕，你是男子汉，要勇敢，你可以上台的，要相信自己。"

亲爱的家长们，我们可能在潜意识里知道情绪没有好坏对错，但是面对孩子的种种行为时，我们却习惯给予他情绪的否定。

也许有的家长朋友会说，高兴应该是被允许的吧。是的，但是有些时候，高兴也会被否定。比如孩子很开心地说："妈妈，我考了 91 分。"结果你跟孩子讲："怎么才考 91 分？满分多少分啊？你为什么这么粗心丢了 9 分呢？"

还有的家长会讲："孩子你真棒，那你要继续努力哦！"孩子的反应是："哎呀！还要努力，算了，我还是不学了，因为考到 91 分已经很不容易了。"所以看到没有，当孩子带着高兴和兴奋的心情来到你的面前时，你也是不允许的。

我们的身体有强大的自我修复功能，所以当你拒绝、否定孩子的种种情绪时，就意味着孩子身上已经被动安装了一个情绪按钮，这个情绪按钮是他今后遇到类似事情时所有情绪的来源。

因此，对于情绪的认识，我们要记住下面两句话：没有不好的情绪，只有不被接纳的情绪。没有可怕的情绪，只有不被认可的情绪。

《情绪的认识》爱的练习：

当孩子有情绪的时候，你是怎么做的？

3.2　情绪的理解

李子勋老师在《幸福从心开始》一书中对于情绪的理解是：人类的情绪体验是人们对自然万物的感知，在很大程度上依赖于人们自身的观察系统。用非此即彼的思维逻辑来看这个世界，我们很自然地会把所有事物都分出好坏、黑白、正反、对错、胜负、有序与无序、规则与杂乱、稳定与突变、发展与退化、物质与精神、男人与女人、直线因果与循环互动。我们会觉得许多事情都处在矛盾的对立之中。当我们摘掉非此即彼的眼镜，用自然的、存在性的眼光，在更长的时间序列中去观察世界，又会发现对立的两者浑然一体，很难截然划分。

情绪没有好坏对错，存在就是合理。各种情绪有什么意义呢？

喜是快乐的、积极的、向上的、阳光的、成长的能量。这是一种受人欢迎的、容易被人接受的情绪。喜悦是一种内心资源，不开心也是一种内在动力。快乐是一种给予，让内心的阳光点燃别人；不快乐是一种吝啬，把好的情绪压制在内心，不愿与人分享。不快乐在社交场景中有两种象征意义：让喜欢的人亲近我，给予关怀，潜台词是"我需要你"，同时也是让不喜欢的人离自己远点，潜台词是"别来烦我"。

持续的快乐是不可能的，因为人的情绪是有起伏的。有三个办法可以帮助我们更多地体会到快乐：一是让快乐走得慢一些；二是提高心理上对快乐的敏感；三是创造可以感受快乐的情境。

怒是守护内心秩序的能量。当你的价值观受到别人的否定时，当你的身体受到别人的攻击时，当你的心爱物品被别人抢走时，你都会生气，那是因为别人发现了你的隐私、攻击了你的身体、抢走了你的东西，所以你会运用愤怒来守护自己。

愤怒在我们生命中经常会不断重复，如果没有经过成长，它一直会在你生命里跳着四部舞曲。第一部：觉得生气不好；第二部：压抑自己的愤怒；第三部：爆发；第四部：后悔。

举一个生活中的例子，有一天你的孩子在看电视，不肯过来吃饭，你觉得生气不好，就跟他说："宝贝，过来吃饭。"孩子一次不听，两次不听，三次仍不听，开始你会一直压抑着不生气，当你觉得你的权威受到了挑衅时，你的愤怒就爆发了，你走过去抢下了电视遥控器，甚至给了他一巴掌。结果孩子饭没吃，你自己心情也不好，晚上看到孩子睡在床上，身上还隐隐约约有你的红手印，你非常懊悔，这就是愤怒的四部曲。

哀就是悲伤，一种接受和放下的能量。哭，意味着接受现实。接受了现实，才有能量去承载那些难受和委屈，才可以放下那些难受和委屈再出发，才有勇气去面对自己明天要走的路。

惧是保命的能量。没有恐惧，我们在原始社会会被猛兽吃掉；没有恐惧，车子向我们疾驰过来时我们不会躲；没有恐惧，我们不会去守护自己的生命。恐惧，是本能。

喜欢道歉的人永远保持着一种自如的心态，不避讳道歉，因而也不怕出错。喜欢道歉的人有比较强的心理净化能力，许多与人交往中的不快都是通过对人说"抱歉"而投射出去的。喜欢道歉的人也是喜欢控制的人，直接控制会让人反感；要让人不反感，就需要付出更多。道歉还是一种进攻的武器，即以退为进。

嫉妒算是人类最基本的情绪之一，它是人的社会属性，源于彼此的攀比与竞争意识。每个人都希望自己比别人强，如果在现实中做不到，情绪就会创造出内部的精神现实，通过对别人的贬低、忽视、讥讽来获取心理平衡。嫉妒的潜意识语言是对自己的不满，并把这种不满投射在他人身上。用积极的眼光看，嫉妒象征着人不服输、不甘心的内心态势，在很多情况下也算是一种反向的生命驱力，不善嫉妒的人也不易成功。

所以，每一种情绪都有存在的意义。喜，是积极向上的能量；怒，是守护自己、保持人与人之间安全交往距离的能量；悲伤，是接受、放下、结束后再出发的能量；恐惧，是躲避危险和保命的能量。总之，没有不好的情绪，只有不被接纳的情绪；没有可怕的情绪，只有不被看见的情绪。

请仔细体会下面这句话：一切不良语言和行为都是情绪和动机没有得到接纳的结果。看完这一小节，反思一下自己的语言和行为，反思一下养育孩子的过程。下一节，我将要分享的是情绪的来源，让你更好地对自己的情绪做出理解，让你能更高质量地去理解孩子的情绪。

《情绪的理解》爱的练习一：

一切不良语言和行为都是情绪和动机没有得到接纳的结果。扫码测试，了解自己的核心需求。

《情绪的理解》爱的练习二：

生活中你时常会出现愤怒的四部曲行为吗？记录下来，问问自己生气的具体原因是什么。

3.3　情绪的来源

情绪从哪里来呢？

说到情绪的由来，我要讲两个理论：

第一，情绪的冰山理论。冰山理论的创始人萨提亚认为，人们在经历事情的时候，在六个层次上同时有着体验：行为、应对、感受、观点、期待和渴望。其中，只有行为是可视的，就如飘在海洋上的冰山，露出尖尖的顶。水面之下更大的山体，则长期被我们压抑。

我们看到自己的行为，意识到自己的姿态，但不一定能觉察到是什么触发了我们惯常的应对方式，更不能清楚地说出内心的真实想法。行为与内在的体验，有时并不一致。埋藏在水面下的情绪和感受，是我们进入更深层意识的重要端口。

我尝试运用冰山理论来分析下面这则案例。

行为：一位父亲对上初三的儿子每天玩游戏感到不满，并动手打了孩子。

应对：指责孩子天天玩游戏、不学习。

感受：因为孩子不听自己的话而感到愤怒、难受。

感受的感受：这位父亲能理解自己的愤怒。他从小到大都不善于沟通，和孩子沟通得也很少。

观点：初三了，孩子要好好学习，不能再贪玩。

期待：孩子已经长大，应尊重并聆听父母的教诲，好好学习，不要让父母操太多心。

渴望：孩子能理解父母的感受，接受父母的意见，少玩电脑，把时间用在学习上。

自我：父亲因为读书少，工作不是太好，收入也不高，不想孩子重走自己的路，想让孩子过得比自己更好。

看到孩子沉溺于游戏中，这位父亲内心不断指责孩子不懂事、不听话，既愤怒又感到受伤。但一开始，他并不理解自己的情绪为何如此剧烈，直到发现这个"冰山"，才明白，原来他自己内心一直希望孩子能认真读书，不要重复自己的人生。

我们都是不自由的，因为我们被潜意识所控制。这些潜意识包括个人无意识、家族集体无意识和文化集体无意识。

很多人苦于被说不清道不明的人生观所控制，不知道自己想要什么。萨提亚的情绪冰山理论，恰好提供了这么一种引导我们进入潜意识去探寻内心想法的方法。大家需要准备的是，一本可以记下当时想法的笔记本，从行为与感受出发，尝试分析每层体验。

第二，原生家庭影响。

未被尊重的需求、未被接纳的情绪和幼年决断都会带来情绪。

很多情绪来自需求没有得到满足。有这样一个案例，有位妈妈是一名幼儿园老师，生了小孩以后，一听到小孩哭，她就想打这个孩子，她会忍不住拿起枕头按住孩子的头，想捂死孩子。于是孩子姥姥带她来我工作室找我做咨询，想知道她是否有心理问题。了解清楚事实真相以后才知道，原来她想读研究生，她想学医，可是孩子姥姥是开幼儿园的，非得让她回来接班，而且让她过早地结婚生子。也就是说，她自己的求学和工作理想被家长阻拦以后，她的需求没有得到满足，这种不满足表现出来的愤怒，才导致她想对一个无辜的婴儿下毒手。

　　未被接纳的情绪怎么理解？回忆一下你的成长经历，是不是当你想哭的时候，会有一个声音说："哭什么哭？有什么好哭的。"当你哈哈大笑的时候，有一个声音说："你别疯哦，等一下摔了怎么办。"当你难受的时候，可能会被转移注意力；当你害怕的时候，会有人鼓励你："别害怕，勇敢点。"因为这些情绪没有得到接纳，所以一个个情绪按钮就被安装到你的身上，于是在以后的生活经历中，遇到类似的事情，就会暴发出来。

　　幼年决断是什么呢？有一次我讲完课，一个孩子听了很有感触，于是带着父母来到我的心理工作室，一坐下来，孩子就指着妈妈跟我说："旷旷老师，我妈有病。"我好奇地看了一下妈妈，又看了一下爸爸，我问他："孩子，我想知道是什么原因让你这么说你妈妈。"孩子说："老师，你知道吗，爸爸和我一起骂妈妈的时候，妈妈不但不生气，反而笑，关键是那种笑，很恐怖，皮笑肉不笑，我受不了。"我看了一下妈妈，她真的苦笑了一下，我说："妈妈，孩子说的是真的吗？"妈妈说："我不想跟他们吵。"

　　听！"我不想跟他们吵"，这句话是从哪里来的？这就是在她成长经历中的幼年决断。在第三次咨询的时候，她才跟我说，原来在她八岁的时候，爸爸妈妈经常吵架，吵架时还喜欢砸家里的东西，所以她家里被砸坏了三台电视机，碗碟摔烂了二十几套。每一次他们吵架，她就躲在房间里，在一个小角落里暗暗给自己做了一个决断，那就是等她以后有了家庭，坚决不跟先生吵架。

现在你知道了这些情绪的来源，你是否能够好好地使自己成长呢？这里给大家留一个练习，这个练习的内容是疗愈内在孩童，也就是让大家回顾一下自己的成长经历中有哪些事情曾经让你想起来就难受，想想就伤心的。当你回忆到那部分，并且去跟它对话，让它圆满的时候，你家孩子的情绪也会慢慢变得平和。期待你参与到练习中。

《情绪的来源》爱的练习一：
想一想原生家庭对你的影响。

《情绪的来源》爱的练习二：
找一件童年经历的往事，一件让你至今想起来就很难受的事情，并写下来。

3.4 情绪的表达

有了情绪，该怎么表达呢？情绪有不健康的和健康的表达方式。

不健康的表达方式有两种：一种是对外，另一种是对内。

情绪对外不健康的表达表现为攻击环境、攻击他人、攻击社会。

攻击环境。比如有一天同事来到办公室，把桌子一拍，然后大声说："别惹我！"

攻击他人。指对他人的攻击行为，表现为语言上的和行为上的，会导致冤冤相报何时了。

攻击社会。在各类媒体上，我们会看到很多报复社会的案例：2018年6月28日，上海浦北路发生一起男子持菜刀砍伤3名男童和1名女性家长的事件。2020年7月7日，贵州安顺一公交司机把公交车开进了水库，带走了21条生命……

情绪对内不健康的表达表现为自责、自伤、自杀。

自责。当一个人受挫、情绪不好时，会责怪自己，可能会说"都是我笨，都是我不好"。

自伤。当情绪无法被合理接纳的时候，会做一些伤害自己的行为。这在青春期的孩子中最为常见，当他不懂得处理自己的情绪时，就会用自残的方式来缓解情绪；跟家里人的关系不好时，也会用自残的方式来威胁父母，从而去争取自己想要的权利。

自杀。当觉得自己没有存在感、活着没有价值的时候，他会觉得自己没有资格活在这个世界上。一个10岁的小女孩噙着泪水离开了这个世界。在喝农药之前，她提前录制了一段视频："……拜拜了，再见了。不会再给你们（指父母）添乱，你也不用天天打我、骂我了……老师不让我考试了，我活在世上也没有意义了。"在成人的认知中，打骂孩子是为了孩子好，但孩子的解读可能是：打我骂我是为我好，说明我现在不好，既然是我不好，我就没有存在的意义，所以我不配活着。

对外攻击环境、攻击他人、攻击社会；对内自责、自伤、自杀。你是否也曾经使用过这些不健康的情绪表达方式？有健康的表达方式吗？当然有。

健康的情绪表达方式是指用语言表达情绪，而不是带着情绪表达语言。

怎么理解这句话呢？先来看看带着情绪表达语言的方式。比如你家孩子在要吃饭的时候还在看电视，叫了很多次还不来吃饭，这时你是怎么处理的？你会不会冲过去很生气地跟他说："快点关电视，吃饭了，叫你多少次了还不听，你有没有耳朵？"

健康地表达情绪该怎么做呢？站到孩子和电视中间，跟孩子讲："刚刚我叫了你三次，你还没有关电视过来吃饭，这样的行为让妈妈很生气。"用语言描述你的情绪，比如生气、难受、害怕等。

回想一下你教孩子的场景：你是用情绪表达语言还是用语言表达情绪的呢？你是将情绪对内还是对外呢？请尝试用语言表达你的情绪。

《情绪的表达》爱的练习：

举例说说，你有情绪的时候，用的最多的表达方式是什么；觉察一下你的表达是怎么形成的。

3.5 情绪的调节

在李崇建老师的《心教》中，对于孩子的情绪处理，他给了家长可操作的方法。过去的年代，人们不太关注孩子的内心感受，且父母会生养多个孩子，无暇全天管教孩子，孩子的成长环境较为单纯，受约束较少，其感官能够得到某种程度的释放。现今的年代，父母生养孩子较少，一个家庭普遍只有一个或者两个孩子，父母虽然注重教养，但是很可能缺乏身教意识，有时会像个保姆一样宠孩子，有时又会像个法官一样监视与审判孩子。

况且现代环境中，权威被解构了，信息流通快速，电子产品大量充斥，孩子的感官无法得到深刻体验，反而在迅速流转的世界中积累了大量的浮躁、愤怒与忧伤，从未正视情感的美丽与枷锁，以至于在教育过程中事倍而功半。虽有人大力推广冒险教育、漂流教育、体验教育，或者其他另类教育体系，然而从各种渠道解放情绪与体验感官的教育，并未唤起世人对情感教育的认识与注重。

先不论情感教育如何养成，单就人们对情绪的认知而言，就有不正确性。人们把情绪当成洪水猛兽，避之唯恐不及。情绪是个复杂的回路，过去主流认知与情感养成的路径，存有一个矛盾的区间：既让人不要有负面情绪，却又缺乏完整的情绪教育。

一个人承载着诸多情绪，不仅不容易觉知，也不容易应对，漠视、压抑、发泄、依赖、转移、引导……凡此种种方法，只要应对的方式不同，就会衍生出诸多不同的反应，每一个反应都牵涉各种应对与自我回馈，影响个人生命，也影响事件的发展。

然而关于情绪的教育，特别是在情绪的微反应上，不仅没有成为一种教育议题，更鲜有人真正提及。前面提到人们视情绪如洪水，果真如此的话，人们应该如何应对呢？

《山海经》中有一则传说，鲧治理水患，以围堵的方法，水患最终并未被解决，反而更为泛滥。最后大禹治水，采取了疏导的方法，解决了水患。我们不妨审视一般人面对情绪的方式，其实与鲧治理水患颇为相似，多半使用"围堵"的方式："不要生气！""不要难过了！""不要紧张！""不要有压力！""不要害怕，把台下的人当西瓜！"经过无数次印证，这些面对情绪的方式多半无效，甚至使情况变得更加严重。那为何还要一代传一代？何不仿效大禹治水的方法，以疏导情绪为方向引领情绪成为一种正向的力量？

情绪能影响大脑皮质层的变化，并且越来越多的证据显示，情绪与脑部发展有密切的关联。比如神经科学家达马修博士在一系列研究中发现情绪能够明显地影响脑部发展。

在一个孩子的成长期间，要让孩子更成熟，拥有更良好的脑部发展，不可轻易忽略情绪的应对，这正是教养与教育者需要在意之处，我将之视为所有教育的基础。

疏导孩子情绪的方法实施起来并不艰难，只要能做到两点：首先是梳理自己的情绪；其次是同理孩子的情绪。

梳理自己的情绪。在善待孩子情绪的同时，我们需要先整理自己的情绪。这个看似简单的方法，大人们却往往做不到。因为大人们也是在被人压制、漠视与忽略其情绪中成长的，又如何能拥有善待自己情绪的方法呢？不要说善待孩子的情绪，更不要说帮助孩子从细微处意识情绪了。

物理学家费曼说："知道事物的名称，和了解某件事物，中间有很大的差距。"我深深觉得知道道理和实践之间有很大的差距。知道"不要发脾气"和"做到不发脾气"，这中间的距离仿佛地球到月球一般遥远，有人说自己没有发脾气的时候，却在语气上表露了愤怒，无疑是压抑、漠视情绪的表现。

市面上教育教养的书籍，多半要求大人控制和管理情绪，但控制和管理的细节却很模糊或容易被忽略。一旦大人意识到自己情绪失控，新的情绪如愧疚、对自己生气、难过、不安等便随之而来。这样的情况往往让人产生烦躁、不安、郁闷、紧张等不能聚焦在当下的感觉，与人交往也就少有质量了。

善待自己情绪的第一步，是先让自己意识到惯性，或者意识到身体情绪，并且懂得在意识到的同时，让自己停顿下来，不在惯性中继续言行与应对。

停顿下来之后，最好先分析一下自己的情绪，可以试着慢慢地问自己："是不安吗？""是难过吗？""是害怕吗？""我在生气吗？""我在烦躁吗？""我在沮丧吗？"

若是能够觉知当下最主要的情绪，承认这个主要情绪，并且允许自己拥有这个情绪，接纳自己拥有这样的情绪，那么情绪就有了转变，反而不会形成那么大的困扰。这也是当我们对孩子说"我知道你很……"的时候，孩子的情绪负担被卸下了一半的原因，因为他无须再隐藏与对抗这种情绪。

美国的研究人员发现，在帮助那些焦虑的人们时，不是要让他们不要焦虑，而是要让他们正视焦虑。比如在考试之前，让学生将自己的忧虑写在纸上，能有效提升学生的成绩。

因此我在萨提亚模式中，学到了和自己情绪相处的方法，归纳出了健康应对情绪的路径：以自我对话的方式，缓缓地在内心一步步诉说，这个步骤叫作"5A 自我对话程序"。

当我们意识自己有不良情绪时，应停顿下来，给自己两分钟的时间，找一个小小的空间，和自己对话。这个对话的顺序是：

◎ Aware：觉知情绪。

◎ Acknowledge：承认情绪。

◎ Allow、Accept：允许情绪、接受情绪。

◎ Action：转化情绪。

◎ Appreciate：欣赏自己。

当感觉自己难过了，我不想让难过困扰自己，因为未经察觉的难过，可能让人心神恍惚，让人胸口阻滞，让人无法专注聚焦。我可以在心里面告诉自己：

1. 我感觉自己有一点难过，停顿十秒钟。

2. 我承认自己是难过的，停顿十秒钟。

3. 我允许并且接纳自己感到难过，停顿十秒钟，甚至更长一点时间。

4. 做五次深呼吸，感觉空气从鼻腔进，再从鼻腔出去。

5. 告诉自己，即使感到难过，也欣赏自己。

若是感到愤怒、烦闷、焦虑，也可以在心里面告诉自己：

1. 我感觉自己有一点生气，停顿十秒钟。

2. 我承认自己是生气的，停顿十秒钟。

3. 我允许并且接纳自己感到生气，停顿十秒钟，甚至更长一点时间。

4. 做五次深呼吸，但是呼气的时候，想象愤怒从鼻腔吐出，并且有意识地发出声音，让愤怒有机会从体内流转到体外。做完之后再做五次深沉而缓慢的深呼吸。

5. 告诉自己，即使我感到生气，我也欣赏自己，仍然没有放弃。

在实践经验中，我发现越是能觉知、承认、接纳自己的情绪，情绪就越能趋于缓和，自己也能逐渐不被负面情绪困扰，或者被困扰的时间不至于过久，心灵也能逐渐得到宁静与自由。

当一个人愤怒地说"我没有生气，我只是说话比较大声"时；当一个人语气急促，大声咆哮，大声说话时；当一个人故意不与人沟通，或者顾左右而言他时；当一个人隐藏愤怒，只是想讨好其他人时；当一个人已经愤怒了，只想透过道理说服他人时，他们都未必觉知自己在生气，因此觉知生气是第一步。即便有所觉知也只是在头脑（认知）

的层次，却未必愿意在心灵的层次和愤怒接触，选择就会在潜意识依惯性封阻。最常见的就是有人说："对，我在生气！"愤怒的情绪继续流窜，无法得到找到合适的出口，问题永远都在缠绕的状态，无法真正解决。因此所谓的觉知，不是只有头脑的认知，更有身体与心灵的整合。

因此通过在心中推进 5A 程序，缓缓地让自己由头脑层次逐渐整合于身心，这样情绪就有机会转化，人也会拥有更多的宁静与自由。

当人的情绪更自由，感官也就有机会更细腻丰富，不再困于褊狭的负面情绪之中，身心里的困顿、烦闷、不安、紧张、愤怒、委屈等各种负面情绪就会减少，教育孩子就会变得简单得多。

我曾运用积极的对话，用讲故事的方式让参与的孩子们与生命经验联结。我会用一架梯子来说明如何做到善待孩子的情绪。走进孩子内心世界的梯子有两条腿：觉察＋好奇。

如何做到觉察和好奇呢？举一个例子。有一次到中学演讲，一位初二的女生举手问我："人为什么要读书？"

一般人的回答不外乎是道理、概念、期待或答案，比如："不读书你要做什么？""你可以不读书呀！""不读书就没有未来！""读书很棒呀！""人生要有更崇高的理想。""读书可以帮你找到好工作！""人生来就有求知的欲望。"

这些答案往往不能帮助孩子解惑，因为尚未核对孩子的问题，就立即给出了意见，这显然是种徒劳无功的方式。可是，这种方式却在你我生活周遭充斥着。

较有经验的咨询师会探索孩子的问题，比如："你怎么会这样问呢？""你读书遇到困难了吗？""你不想读书吗？"若是先探索孩子的问题，并且懂得切入孩子对问题的感受，往往能切入问题的核心，协助孩子解决问题。

我的做法是问提问的女生："你问的是一般的阅读，还是学校的功课呢？"女生回答是后者。我继续问："功课是否让你感到压力？"学生立时红了眼圈，并且点点头。

我当时便停止了对话，让她会后再找我谈。若是细究我们的对话，虽然只是一个寻常的提问，但我觉察到孩子此刻的情绪应该是受到了学习的困扰，所以保持好奇先核对了她的问题，其次从她的感受入手进行探索。接下来顺着对话脉络，我会在她如何应对压力，产生什么新的感受，如何影响她的行为与看法上进行探索。这样的方式，才是带着觉察和好奇所进行的高品质对话。这个过程便是"帮助孩子意识情绪，以情绪为探索的脉络，就能意识到问题的核心"。

走进孩子内心世界的梯子中间空隔的部分：专注、沉默、理解性应答、敲门砖语言。如同道家的无为、有所为有所不为的哲学思想，心理咨询也一样，有时候不做什么比做什么重要。

专注是专心注意；放下手中的事情，全神贯注地去聆听孩子内心的感受。

沉默是面对孩子的情绪，我们不要急着去同情安慰，不要说教讲道理，不妨先无声陪伴。

点头式应答是面对孩子带有情绪的语言时，我们回应的方式。用"嗯""理解""对""我知道""我明白"等类似的词语，给孩子情绪的回应。

敲门砖语言是一种引导性语言，很多时候孩子的情绪并没有完全地表达完整，就被我们打断或者转移。而敲门砖语言是"接着说，还有吗""继续，我还想听……"走进孩子内心世界的梯子仅有两条腿和中间间隔是不够的，还得有中间的横杆。这些横杆就是：重复、同理、提问、温柔坚持。

重复，即听到孩子所说的话，不加感情色彩地重复孩子的话。如孩子抱怨："烦死了，作业太多了。""妈妈，哥哥打我。"我们要重复的是："宝贝你刚刚说作业太多了，对吗？""你想告诉妈妈，哥哥打你了是吗？"

同理，即同理孩子的情绪，这并不代表认同孩子的行为、观念与期待，而是接纳孩子生命发展的历程中必然经历的一种程序。试想，一个人期待未满足时，却能平静地面对，这样的能力从何而来？除了天生基因之外，如何从一次又一次的生气、难过、失落与悲伤中学习？孩子健康地经历情绪的程序，不是通过被压抑、忽略情绪得来的。

接纳孩子的情绪，允许孩子拥有情绪，就是同理孩子情绪的方法。在语言的表达中，先帮助孩子意识到情绪，再接纳孩子的情绪，将会是更好的沟通路径。帮助孩子意识到情绪，便是以情绪为探索的脉络，你可以询问孩子："我这样说，你难过吗？""我这样做，你会生气吗？""面临这种状况，你会害怕吗？""你有什么感觉？""说到这儿，你有什么感受？""说到那件事的时候，你心里发生了什么？"各种以情绪探索与核对的方式，我称之为"由感受切入问题"，这将有助于迅速找出问题的源头。

具体落实在与孩子的对话中，接纳孩子情绪的语言，我则归纳为"我知道你很……"，例句中的"……"便是对情绪的核对。比如一个孩子坐在房间里哭泣，我坐在孩子的对面，询问他："怎么啦？"孩子如果不说话，只是哭泣，我便回到无为部分，允许、接纳孩子哭泣。我停顿一小段时间，静静地陪伴他，就是一种接纳的过程。假设孩子点点头，我通常会在停顿之后，以深刻而肯定的语气告诉孩子："我知道你很难过。"只是这么简单的动作便会让孩子觉得自己被同理了，情感被健康地对待了。

回到"烦死了，作业太多了。""妈妈，哥哥打我。"这两个场景，我们不是要给孩子答案，我们也没有必要给孩子答案，因为我们没有资格去剥夺孩子解决问题的权利。我可能会问孩子："作业太多，你很烦，谢谢你把你的心情告诉我。我想问一下，你告诉我是希望我帮你做什么？""宝贝，哥哥打你，你说给妈妈听，是想要妈妈做什么呢？"要知道在心理咨询中，提问就是回答。

温柔坚持，面对孩子的提问，孩子给的答案是：作业你帮我做，帮我打回哥哥。你能帮吗？帮不到的时候要做的就是温柔坚持，温柔是对孩子的尊重，坚持是对为人父母角色的尊重。这时候要做的是回到提问："对不起，妈妈做不到，还有没有其他方法？""不行，还有其他办法吗？"

总之，面对孩子无理要求的时候，不要讲太多道理，而应始终保持温柔坚持的原则。

《情绪的调节》爱的练习：

在起床前或睡觉后，或者要帮助孩子辅导作业前和与孩子谈话前，给自己做觉察训练。

思想：与自己的想法连接。（我头脑中在想什么？）

感觉：与自己身体的连接。（关注身体的感受，有没有哪个地方痛麻酸痒的？）

心情：与自己的情绪连接。（用一个表示情绪的词描述自己的心情，并说明理由；如果没有心情，尝试用深呼吸的方式把自己的情绪拉回到自己的身体里）

3.6 疗愈内在孩童

如果想真正做到内在平和，就需要成长，而成长的两条腿是做到觉察和冒险，疗愈内在孩童就是冒险的一种，这需要我们通过下面的练习，找到原生家庭的往事，完成未完成事件。

这篇练习，是为了解决我们在教孩子的时候自己有太多的情绪。这也是一个自我觉察的练习，觉察和认识情绪是个人成长中很重要的部分，这样的练习可以反复做，也可以邀请爱人一起做。

请你闭上眼睛，深深地呼吸。来，深深地吸一口气，慢慢地吐出来，把你的注意力放在心灵的深处，有一个内在儿童住在那儿……我们还要再来一个觉察的练习，再吸一口气慢慢地吐出来，让自己非常非常的平静，感觉一下你的头脑在想什么；感觉一下你此刻的心情，感觉一下你身体的感受，你正在想孩子睡好了吗；有可能你爱人不在你的身边，你可能有些失落，你在想他什么时候回来啊，能跟我一起做这个练习该多好。此时你的心情如何？有可能很平静，有可能很期待，还有一些欣喜，或者有些淡淡的伤感。劳累了一天，感受一下你身体的感觉，把你的注意力像扫描机一样，慢慢地从头扫到脚，扫到哪里，就去感觉那个地方的感受，比如此刻，我觉得我的脖子有点酸，我的喉咙有一点点沙哑，这就是我的感受，你的感受呢？

很好，再来一个深呼吸，从今天开始每天做三次觉察练习。在起床之前，问自己：我头脑中在想什么？我的心情如何？我的身体感受怎么样？当我要见到孩子的时候，或者在面对孩子作业的时候，也做这个练习：我的头脑中在想什么？我的心情怎么样？我的感受如何？睡觉的时候不妨再来一次：我头脑中在想什么？我的心情如何？我内心的感受又是怎样的呢？

第三次邀请你关注自己的呼吸，轻轻地闭上眼睛，关注你的呼吸。一个人只有闭上眼睛和关注你自己呼吸，才能跟自己真正地相处。来，深深地吸一口气，慢慢地吐出来，此刻把你的注意力完全转移到我的文字上，问一问自己：这些年过得好吗？累不累？养育一个孩子辛苦吗？有谁能帮你，又有谁能真正地理解和关心你呢？让我们再做一个深呼吸，慢慢地吐出来，此刻允许你任何感受的流露。让我们想象一下，你回到了童年居住的老房子……那是你儿时的家，头脑中浮现出那栋房子，留意一下房子的外观……你走到房子的大门前，看到那扇门的模样了吗？你现在把门打开，进入房子里面，闻一闻房子里面有什么味道……你看一看房子里面的摆设，看一看客厅的样子，那是你童年居住的房子，你在这里面玩耍过……

　　这个时候，你看到一个小孩向你走过来，那是你小时候的样子，你看不太清他的样子……你用温柔的眼光看着他，留意他的发型、神情、穿着……他正在做什么，周围有什么人，别人怎么叫他，他又会怎么回应……

　　给自己一个许可，允许自己靠近这个小孩，伸出你心灵的手，抚摸他的头发，和他共处一阵子……你愿意听一下他的心声，听他说说，他在这一栋房子里的感觉……

　　你愿意听他的心声，听他说说，他的内心期待和渴望，他好希望能够怎么样……听他说说，他内心的害怕和恐惧是什么，他害怕什么，他在害怕的时候又会怎么做……

在你的心底深处，找出你想要告诉这个小孩的心里话，告诉他：我很欣赏你，我很爱你……我也会好好疼惜你……

再一次看看这个孩子居住的环境，你会体会到他是多么独特的一个孩子，用他特有的方式在这里成长，你看着他生活中温馨感人的时光，你也看着他生活中感受到很大压力的地方……你走过去，给这个孩子一个深深的拥抱，跟他说："对不起，我忽略了你很久很久，我以前没有在意过你的情绪，没有在意过你的需求，没有在意过你的一切，请原谅！"看着他说："原谅我对你的忽视，原谅我对你内心声音的不理不顾，同时也谢谢你，谢谢你一直陪伴着我，谢谢你的不离不弃，谢谢你此刻提醒我，让我来关心你。"最后跟他说："我爱你，并且会永远地爱你。"

你要准备离开这个内心的空间了，但你知道这个孩子就在你的心底。只要你愿意，随时都可以在你内心深处那个地方看到他，你现在已经知道如何去听他的心声，照顾他、满足他的需要……这个小孩现在已经相信和感受到了你的爱和保护。

现在，请你跟他告别……回到你的身体，深吸一口气，用呼吸拉出我的声音，从你的生活中间回来，回到你的身体。来，再一次呼吸，动一下你的手和脚，这个时候，希望你的爱人在身边，并且用父母的眼光去看待面前的这个爱人，用充满怜爱的眼光去看望对方。很好，让这个受伤的孩子能够得到更多爱的滋润。

亲爱的家长朋友们，此刻你的感受如何？如果你真的能够平静下来，静静地去做这个练习，我相信在以后的生活中，你将会很平静地去教育你的孩子，你也会对你的内在需求有清晰的了解。

第 4 章

人际关系能力

给孩子种下三颗美好的种子

这个世界是美好的

人与人之间是美好的

我是美好的

4.1　亲子依恋

亲子依恋是婴儿寻求在躯体上和心理上与抚养人保持亲密联系的一种倾向，常表现为微笑、啼哭、咿咿呀呀、依偎、追随等。依恋是逐渐发展的，出生后6~7个月时开始明显，3岁后能逐渐忍受与依恋对象的分离，并习惯与同伴或陌生人交往。

亲子依恋可分为三种不同的类型。

安全型依恋占65%，这类儿童跟母亲在一起时，能在陌生的环境中进行积极地探索和玩要，对陌生人的反应也比较积极；当母亲离开时，表现出明显的苦恼和不安；当母亲回来时，立即寻求与母亲的亲密接触，继而能平静地离开，只要母亲在视野范围内，就能安心地游戏。母亲在场，对待陌生人便随和大方。

回避型依恋占10%，这类儿童受母亲在场或不在场的影响不大，母亲离开时，并无忧虑表现；母亲回来了，往往不予理睬，虽然有时也会欢迎，但是短暂。这种儿童实际上并未形成对母亲的依恋，对陌生人相当戒备。

焦虑矛盾型依恋占 25%，这类儿童当母亲要离开时会表现出惊恐不安，大哭大叫；一见到母亲回来就寻求亲密接触，但当母亲去迎接他，如抱起他时，却又挣扎反抗着要离开，还有点发怒的样子，孩子对母亲的态度是矛盾的。他们即使在母亲身旁，也不能感到安全，不能放心大胆地去玩耍。对待陌生人很随和大方，有时很冷漠。

安全型依恋：依恋理论认为，能体验到父母的爱、与父母建立安全关系的婴儿，当他们长大成人后，会形成一个安全的与别人建立信任关系的无意识的内部工作模式。大量的追踪研究发现，在婴儿期具有安全依恋的儿童在学前期往往被教师评定为具有高度自尊、交往能力强、善于合作、受欢迎的孩子。

安全型依恋的儿童通常充当领袖角色：他们发起活动和游戏、对他人的需要和感觉十分敏感，很受同伴欢迎。他们是好奇的，乐于学习，敢于探索。他们的问题解决能力更强，有良好的坚持性及挫折耐受能力。

回避型依恋和焦虑矛盾型依恋都属于不安全型依恋。

回避型依恋：与人交往和建立关系时的基调是不信任。回避型依恋的儿童会被评价为孤独、缺乏社会交往的孩子。

焦虑矛盾依恋型：特点是过分依赖，患得患失。内部工作模式也是不信任。焦虑矛盾型依恋的儿童被认为是具有破坏性和难相处的孩子。

不安全型依恋的儿童在社会性和情绪上表现为退缩，参加游戏很犹豫、不活泼、不投入。这些儿童在学龄期表现出对学习不感兴趣，没有进取心，缺乏自制力，人际交往较差等特点。

总之，亲子依恋会影响孩子成人后的人际关系、婚姻质量和成就。

不安全型亲子依恋来自不敏感的养护者。下列四种人容易成为不敏感的养护者。

1. 父母人格特点：抑郁症；

2. 父母自身小时候被忽视、受虐待、不曾感受到爱；

3. 意外怀孕的父母；

4. 遭遇健康、经济和婚姻问题的家庭。

促进不同的亲子依恋形成的具体表现为：

安全型依恋关系——需要父母做到积极回应，提高抚养质量（敏感、耐心）。

安全型依恋婴儿的父母从一开始就较为敏感和负责。如果养护者对婴儿有积极的态度，敏感地回应他们的需要，与他们建立互动的同步性，为他们提供很多愉快的刺激和情感支持，婴儿就可能形成安全型依恋。

回避型依恋关系——父母过于热心，总是喋喋不休，孩子对父母的行为产生了消极反馈。

回避型婴儿的父母往往过于热心，总是喋喋不休，甚至在婴儿厌倦时仍然提供过多的刺激。父母事无巨细，大包大揽，喋喋不休，对于婴儿探索世界的行为太过焦虑或过多干预。婴儿不喜欢老是纠缠他们的父母，自然习得了回避的处理方式，感情冷漠。

焦虑矛盾型依恋关系——在抚养过程中，父母的行为常表现出不一致性。他们随着自己的情绪对婴儿时而无微不至，时而极为冷漠，是一种混乱式反馈。

母亲对自己的宝宝缺乏耐心，对婴儿的信号反应不积极，表现出消极感受，很少能从与宝宝的亲密接触中获得快乐。婴儿在应付这些抚养者时也采取很极端的方式——用纠缠、哭闹来获得情感，竭尽全力获得情感支持。

不敏感的父母可以从以下四个方面做出改变：

1. 鼓励回避型依恋的一方建立一个安全依恋类型的朋友圈，聊天、出游等；

2. 每周至少要和 3~5 个陌生人说话，如从不交谈的邻居或同事；

3. 努力发现朋友、爱人、同事的优点和好笑的事情；训练自己对一些生活琐事的关心，征求朋友、同事与爱人的意见，记录下来，成为自己的珍藏；

4. 不把秘密深藏在心底，选择合适的对象释放秘密。

做过以上练习的父母，他们的子女更接近安全型依恋。

《亲子依恋》爱的练习一：

评估一下孩子在成长过程中，属于哪一种亲子依恋关系，具体表现怎样。

《亲子依恋》爱的练习二：

每周至少要和 3~5 个陌生人说话，比如从不交谈的邻居、从不交往的同事。

《亲子依恋》爱的练习三：

找能信任的朋友分享自己的秘密。

4.2 如何公平地解决问题

要做到公平地解决问题，我们先要明白一个概念，那就是权力。权力是一个人拥有比较多的资源，而另外一个人或一部分人需要获得这些资源。谁掌握的资源多，谁就相对地拥有权力。

比如厂长拥有的资源比工厂里的工人要多，厂长肯定有权力。学校的校长、地方的行政长官，乃至国家主席，谁需要这些资源，必然会做出相对应的事情来获取，要么是时间，要么是智力，要么是去创造更多的财富来换得这些资源。

在家庭教育中谁拥有的资源多，谁在这个家庭里面就更有权力。相对于孩子而言，拥有最大权力的不是学校的校长，不是居住地的区长或者市长，也不是国家主席，而是他的父母。

想一想，如果我不想在这个学校做老师，可以跳槽去其他学校；我在这个市、这个省待得不舒服，就可以搬到其他的省和市居住；我在中国待得不好，只要有足够的能力，我就可以出国，甚至成为其他国家的公民。但是如果一个孩子在一个家庭待得不舒服，他能怎么办？他有没有可能拎着包去敲隔壁叔叔阿姨家的门，看谁家的成人对小朋友好一点，就去做他家的孩子？没可能！因为血浓于水，这个血缘关系已经不可改变了。所以在一个家庭里面，父母是拥有权力的人。高品质的父母拥有权力，但不轻易使用权力来解决问题。父母什么时候使用权力呢？当孩子的生命和他人的生命受到孩子行为影响的时候，父母才会使用这个权力，其他的时间父母尽可能地公平解决问题。

如何公平地解决问题？请记住四个字：家庭会议。你有开家庭会议的习惯吗？你能就一个问题召开家庭会议吗？

比如周末的安排。如果这个周末父母的需求是带孩子去看他们的外公外婆，孩子的需求是约同学来家里写作业，当需求冲突的时候如何解决呢？我们可以就此召开家庭会议。第一步：界定需求。看一看爸爸妈妈想要的是什么，孩子想要的是什么；第二步：集思广益，提出解决的办法。家长想带孩子去看外公外婆，孩子想约朋友过来一起学习功课，每个人都有自己的需求，要解决这个问题，肯定不能以父母的强势来要挟孩子，因为孩子很可能耍赖不去做。所以在《父母效能训练》中，提出了第三种解决方案，也就是要我们集思广益地寻求解决方法，比如打电话推掉同学的约会；邀请孩子把自己的同学叫到老人家里去，这样既满足了看望老人这个想法，又兼顾到了孩子的意愿。家长也可以根据孩子的需求做出调整。比如家长可以选择放下改变孩子的想法，下个星期再去看望老人，并提前跟孩子打好招呼。总之这个时候不需要做任何评判，只需要不断地想出解决办法。第三步：选择合适的、大家一致认为可行的方法。面对很多方法的时候，我们先不否定，要集思广益地寻求方法，选择好了，到第四步再去执行。按照方法做，做完这些事情以后，不妨再来回顾一下。第五步：回顾一下整个过程，是否既能让父母满意也能让孩子满意。

我们重复这五个步骤。第一步：界定双方的需求。第二步：集思广益地提出各种解决问题的办法。第三步：评估这些办法，并选择其中的一种。第四步：执行刚刚选择的办法。第五步：评估一下整个过程是否愉快。关于公平解决问题，你是否能熟练地运用家庭会议的五步呢？

当我们能抱着公平解决问题的心态去养育孩子的时候，他的自尊、自信和自爱就都会根植于自己的内心世界。

《如何公平地解决问题》爱的练习：

如果可以，在你的育儿日记中，依次记下每一周或者每个月的家庭会议内容。

4.3　师生关系

孩子走过第一段人际关系——亲子依恋，来到成长中要遇到的第二段重要人际关系——师生关系。

孩子跟他人的关系中，总共有四个重要的他人：父母、老师、同伴、爱人。

重要他人（significant others）是心理学和社会学都关注的概念，指在个体社会化以及心理人格形成的过程中具有重要影响的具体人物。

"人类是天生的社会性动物。"人类的社会性决定了个体不能脱离群体单独存活，个体时刻处在群体他人的影响过程当中。其中在我们生活当中，那些对自己有着重要影响的人，可能存在更多重叠。重要他人可能是一个人的父母长辈、兄弟姐妹，也可能是老师、同学，甚至是萍水相逢的路人或不认识的人。

重要他人可区分为两类：互动型重要他人和偶像型重要他人。

互动型重要他人，是学生在日常交往过程中认同的重要他人。可能是家庭中的父母，可能是学校里的老师，也可能是同辈群体中的知心朋友。互动型重要他人的出现往往受学生年龄阶段的影响。早期父母占优势，然后是教师，后期同辈群体的影响增大。

偶像型重要他人，可能是伟人、体育明星、影视明星，甚至可能是卡通人物。影响学生认同偶像型重要他人的主要因素是社会中具有某种代表性或典型意义的价值取向。

到了该上学的年龄了，孩子有了一个新的身份：学生。学校生活成了新的重点，家人从多幕剧的舞台上暂时退到了幕后，教师登场了。

1.积极影响：学业的成功与生活的自信。教师这一职业一直被神圣化，人们称教师为人类灵魂的工程师、春蚕、蜡烛、园丁等。有些教师确实对学生产生了积极影响，为学生的一生点亮了一盏灯。

2.消极影响：学业的打击与自信的丧失。水平一般的教师对学生产生的影响也会伴随学生很久。

你的孩子有没有跟你投诉过他的老师，说老师一点也不公平；说他不喜欢上这个老师的课；说他要转班，他要换学校，甚至他不想再去上学了。你的孩子有没有因为喜欢某个学科老师而成绩优异？在良好的师生关系上，我们家长做些什么才能帮助到孩子呢？

其实，在处理师生问题上，家长起着不可忽视的作用。幼儿阶段，家长能起疏导的作用；小学阶段，起到支持和帮助的作用；中学阶段，家长起到引导和协调的作用。

良好的师生关系可以促进学生的行为适应、学校适应和社会适应，促进孩子的心理健康发展，影响着孩子的一生。家长可以从三个重要的时期协助孩子与老师建立良好的师生关系。

幼儿阶段，家长起"疏导"的作用。孩子上幼儿园时，父母是孩子的重要他人，构建良好、健康的亲子关系是促进幼儿心理健康发展的重要因素。在幼儿园里你会看到两个小朋友吵架，一个小朋友说："我爸是警察，我爸有枪。"另一个小朋友一点都不服输："我爸在菜市场里面卖菜，我们家吃菜不要钱。"在幼儿的眼中，父母都是伟大的，都是无所不能的。当孩子第一次正式离开家庭，步入社会，建立他的人际关系时，因为离开了爸爸、妈妈的怀抱，他们会感到焦虑和不安，失去他的支持系统，他需要建立起新的支持系统，帮助他适应新的环境，主动地去构建自己的关系。其中师生关系的质量对孩子的心理发展，包括同伴关系、社会情绪、学业适应、行为适应等都起到重要作用。所以在这个阶段，家长对他和老师的关系要起疏导作用。

小学阶段，家长起支持和帮助的作用。小学生所处的年级和师生关系有显著的关联，师生关系的主动性和亲密性会随着年级的升高而降低。五年级表现出高亲密性、高反应性和高冲突性，那么六年级则表现出低亲密性、低反应性和低冲突性。

一年级的师生关系跟幼儿园基本相似，同样面临与新的老师建立关系、适应学校的过程，家长需要发挥疏导的作用。也就是当孩子在学校同老师有任何情绪的时候，家长要能认识孩子的情绪，接纳、允许孩子的情绪，做到一致性的表达和不伤害。五年级表现出来的师生冲突一定意义上和初中阶段的师生冲突相类似。

对小学阶段师生关系进行干预的关键点：首先体现在

孩子的主动性上，由于小学生向师性的原因，他们会主动跟老师保持亲密，并在情感上对老师有所依赖和信任。所以我们看一二年级的小朋友上课的时候，老师转过头说："小朋友，不要讲话哟，讲话老师看得到的，老师脑袋后面有两个眼睛。"于是小朋友回家说："爸爸，我们老师可厉害了，他的脑袋后面居然有两个眼睛。"在一二年级小朋友的心中，他的老师是无所不能的。不管怎么样，在小学阶段，爸爸、妈妈应该在师生关系构建上引导孩子，以便师生之间能进行良性互动。

那么，怎样去协助呢？支持孩子对老师表现出亲密与合作。比如家长帮助孩子一起完成亲子作业，家长引导孩子遵守学校的规章制度，协助老师对孩子实施针对性的教育等。

中学阶段，爸爸、妈妈要起到引导和协调的作用。初中生的师生关系主要由理解、回避、亲密、反应和冲突五个方面组成。所以它是一个矛盾的混合体：一方面尊重老师，另一方面又反叛老师；一方面想表现出亲密，另一方面又觉得疏远，它是个矛盾的结合体。到了初中阶段，孩子处于青春的过渡期，成人感比较强，渴望得到老师的关注，渴望得到家长的理解、尊重、信任和认可，如果没办法实现这些渴望，他们就会开始关闭自己的心扉，与教师和家长保持一定的距离，甚至会发生冲突。这个时候，家长要起到一定的引导和协调作用。

良好的亲子沟通会让孩子感受到爱和尊重，对自己、对他人、对环境、对社会都有积极的情绪体验，也有利于形成良好的师生关系。所以，处理好各个阶段的师生关系，前提还是拥有良好的亲子沟通，还是多在自己身上下功夫。

《师生关系》爱的练习一：

问问孩子哪个老师是他最喜欢的，哪个老师是他最不喜欢的，并了解原因。

《师生关系》爱的练习二：

挑战一下，和孩子一起做一个或挑选一个有意义的礼物送给最不喜欢的老师。

4.4 如何处理老师的投诉

遇到孩子投诉老师或者老师投诉孩子的时候该怎么处理？对于孩子投诉老师，不妨回到"情绪的调节"那一节的内容中去。孩子投诉老师，无非是对老师有不满的情绪或生气的情绪，如何处理可回顾第 3 章。

那么，对于老师投诉孩子呢？在这里，我想跟大家分享的方法是"千万别给孩子下套"。很多家长一回到家就质问孩子："你今天在学校干了些什么？"孩子蒙了，他今天在学校干了那么多事情，哪些事情是好，哪些事情是坏呢？他做了那么多的坏事，你具体指的哪一件呢？他是全招还是不招呢？所以他一定会处在困惑中。不妨直接对孩子说："宝贝，今天老师说你上课没有认真听讲，在玩尺子。"也可以直接说："老师反映你没有好好学习，你上课的时候没有举手回答问题，你的作业没有完成，你跟某某同学打架。"把事实陈述给孩子，陈述完事实之后，孩子可能会有什么样的反应呢？要么说谎，要么说是别人的错。其实完全没有必要去追问，我们可以直接使用一致性表达："当听到老师对你的投诉时，妈妈感觉到很伤心，你觉得接下来我可以怎么帮到你呢？"

面对老师对孩子的投诉，我们可以用以下语言模式来协助孩子：我的感受＝描述＋感受／需求＋影响＋请求。

描述：如实描述你所不能忍受的孩子的行为或当时孩子的感受。

感受／需求：说出自己此时的真实感受或想要被满足的具体需求。

影响：该行为会对你、对孩子、对别人产生哪些具体的影响。

请求：请求孩子做出调整与改变。

例："今天我收到老师的短信，内容是你和同学打架，并且弄伤了同学（描述）。看了信息，我很担心，也很难受（感受）。担心你会伤到别人，也担心会伤害到自己（影响），妈妈怎么做才能帮你改变打架这种不好的行为呢（请求）？"

把这些表达方式放到生活中的场景下同样有效。

"妈妈知道你很想吃冰淇淋（描述），可是现在你还在生病，妈妈很担心（感受）。如果你吃太多凉的东西，会让你病得更加严重（影响）。所以，你可以先等病好些了，我们再吃，好吗（请求）？"

"你总是一边写作业，一边看电视（描述），这让妈妈很担心你的学习效率（感受）。因为这样，你每天都会很晚才睡，第二天早上又不肯起床，又影响白天的学习（影响）。妈妈希望你可以调整一下，先集中时间写完作业，再看电视，好吗（请求）？"

"我的感受"为什么有效？

这个语言模式的核心，是让孩子知道了你此时的"感受"。

很多时候，孩子之所以不愿意改变自己的行为，是因为他并没有感受到自己的行为到底给爸妈带来了哪些影响和感受。如若家长此时能把自己的真实感受坦诚地告诉孩子，他便能感知到你的感受，以及自己的行为给你造成了哪些影响，自然会做出调整。

王阳明的心学核心是心即理和致良知。我们相信每个孩子内心都是向善的，父母也一定能够用自己的感受唤醒孩子心里的良知。

最后温馨提示，不要高估每一次的效果，也不要低估每一次的努力。

《如何处理老师的投诉》爱的练习：

当孩子被老师投诉的时候，尝试运用"我的感受"这一语言模式。

4.5　同伴关系

良好的同伴关系有利于孩子社会价值的获得、社会能力的培养、学业的顺利完成，以及认知和人格的健康发展，而同伴关系不好可能导致很难适应学校、缺乏社会能力、心理和行为出现偏差和障碍。年龄再大一点的孩子，想要摆脱家长和老师的管理，渴望独立自主，这时同伴对他的影响越来越大。

1.积极影响：互帮互助，良性进步。有些学生因为共同的目标、共同的兴趣而选择在一起，如几个共同爱好美术的同学会选择在课余时间一起研究美术，互帮互助，这些影响是积极的、良性的。

2.消极影响：互相影响，恶性退步。学生也可能组成一些不良小团体，尤其是一些后进生。他们因为不能从父母和教师那儿得到应有的关注，于是在朋友中寻找。在情感上他们得到了慰藉，但思想行为上有时却是退步的。谚语"近朱者赤，近墨者黑"，说明了人对人会产生的巨大影响。近朱者赤中的"朱者"就是积极的重要他人，给人以向上的力量；而近墨者黑中的"墨者"即消极的重要他人，会对人产生负面的影响。除了以上所说的学生日常生活中经常接触的人，偶像人物对学生也有巨大的影响力。

同伴关系一般分为四个类型：受欢迎型、被拒绝型、受忽视型和一般类型。不同的年龄会有不同的表现。

在婴儿时期，因为家人的照顾，这个时期的孩子社会交往有限，同伴关系表现得并不明显。

幼儿时期（3~6岁）的孩子交友的功利心较强。他们不再把成人作为唯一的依靠对象。他们开始主动寻找同伴，喜欢和同伴共同参与活动，与同伴交往比以前密切、频繁和持久。在幼儿园里，受欢迎型幼儿在行为表现上十分积极、友好、不爱与其他小朋友发生矛盾；被拒绝型幼儿的行为表现为消极、不友好，容易与其他小朋友发生争执且回避道歉，性格暴躁，容易发脾气，不善于用恰当的方式交往，以至于其他小朋友不喜欢跟他玩；受忽视型小朋友行为表现为性格内向、好静，总是一个人静静地待着，胆小、容易害羞，不爱跟其他小朋友交往；一般类型的幼儿性格、情绪、行为表现一般，交往能力和交往的态度也一般，不会过分热情，但对于他们特别喜欢的人或者事又会显得很积极。所以，当小朋友交友的功利心很强的时候，即"只有你把东西给我吃、你把东西给我玩才是我朋友"，这个阶段家长要注意不用这方面的评价去评价孩子。

小学时期的朋友选择是要能服从自己的愿望和要求。听自己话、顺从自己的人就是朋友，否则就是敌人。这个阶段的孩子对友谊的交互性有一定的了解，虽然还是幼儿阶段的那种功利性的特点。所以当你问一个 8 岁的孩子："你有没有好朋友？你们是怎样成为好朋友的？"时，孩子可能会回答："我有好朋友呀。当我心情不好的时候，他帮助我，他有什么好吃的、好玩的都跟我分享。"从这个答案中可以看出，同伴关系的时间维度有了友谊的基础。而年龄大一些的孩子能认识到要不辜负朋友的信任；当朋友需要你的时候，你要帮助他；说话不算话或背后说朋友的坏话是对友谊最严重的破坏。受欢迎型的小学生一般是积极快乐的，外表吸引人，而且愿意跟同伴分享。

孩子第四个阶段的朋友开始共享亲密，这个时候孩子处于 12 岁到 18 岁，常常会出现家长所忧虑的问题，那就是早恋。早恋可怕吗？很多人问我："对于这一阶段的早恋，老师您觉得应该怎么处理？"我每次都笑着说："其实这么大的孩子很多时候谈的不是恋爱，谈的是家庭关爱的缺失。""早恋"是人际交往、是同伴关系的一种补充。孩子谈恋爱的原因很多，家里面找不到认同、他的话得不到家长的倾听和理解是最根本的原因。所以 12 到 18 岁的同伴关系以及男女朋友之间的早恋关系很大程度上谈的不是恋爱，谈的是家庭关爱的缺失。

　　"早恋"是一个自我认同的游戏，只希望有理解、支持、认同他，并且在时间和情绪上给予陪伴的关系存在。如果家长能够理解孩子的想法，能够以平等、尊重的方式跟他分享价值观，能够用了解的聆听、诚恳的沟通去、公平地解决问题时，我想孩子没有必要冒着被批评、被责罚的风险去谈所谓的恋爱。很多时候，家长是否过多地干涉了孩子交友的意愿呢？所以我要讲第二个观点：孩子谈恋爱的对象比恋爱本身更加重要。在同伴关系里，早恋其实是一个标签。因为对于青春期，社会学家给贴的标签是"叛逆""网瘾""早恋""没有学习动力";被心理学家称为"过渡期",是能动的、可以变化的、流动的,不是停在那里不动的;人口学家把它称之为"性待业期",也就是当孩子有了第一次生理表现的时候,意味着他有了生儿育女的能力。在不同的时期,我们要做到的是疏导、理解孩子,与之建立良好的陪伴关系。

第一道屏障,避免过早地发生性行为,尽量不要让女孩子在外面过夜。第二道屏障,教会孩子合理的避孕方式。这些知识是该老师教、专家教,还是家长教呢?当然家长最合适。因为家长跟孩子相处的时间最长,家长最了解孩子每个月的生理周期是什么时间。第三道屏障,如果发现孩子受孕,应及时终止妊娠。留意一下孩子每个月的生理周期,这是每一个父母的责任。有的家长说:"如果我的孩子这样,我会揍死她。"这是气话。心理学的处理原则是:两权相害取其轻。哪一种对孩子的伤害最小就采用哪一种方法应对。

看到这里,不知道你的心情如何。是否为孩子的同伴关系感到忧虑?父母是孩子二十几年的同行者,所以要把你所有的担心换成祝福。如担心他没有好的朋友、担心他交错朋友、担心他青春期做出一些过分的事情……把这些担心换成祝福：我祝福我的孩子有好的人际关系，我祝福我的孩子有很好的朋友，我祝福我的孩子会平稳地度过青春期。

4.6　如何处理孩子之间的冲突

打打闹闹是孩子的天性，生活中免不了与小伙伴发生打架事件。面对孩子之间的争吵和打架，作为父母的我们该怎么办呢？有些家长的态度是："人不犯我，我不犯人；人若犯我，我必犯人。"他们的理由是，懦弱的孩子是无法在弱肉强食的社会立足的。你认同这个观点吗？

作为父母，我们看到孩子因为与朋友吵架或打架而遭受伤心、被排斥和孤立的折磨，是很痛苦的。然而，这似乎是孩子成长经历的一部分。尽管孩子在吵架时很痛苦，但他们通常能很快从痛苦中恢复过来，甚至比大人恢复得快很多。如果你认为自己应当保护孩子免于经历生活中的种种问题，那就错了。建议父母不要充当孩子的拯救者，而是做一个观察者、倾听者、教练和啦啦队队长，这样会对你的孩子更有帮助。通过这种方式，孩子们会知道，他们能以一种更有成效的方式处理生活中的问题；或者只需简单地处理这种痛苦，当生活继续时，痛苦就会消失。

在孩子们发生争吵和打架后，建议父母尝试以下方法：

1. 要共情并倾听，而不要试图解救孩子或替孩子解决问题。

2. 对孩子表现出信心。"亲爱的，我知道这很让人伤心，但我也知道你能想办法处理。"

3. 给孩子提供支持。"如果你需要一个参谋或想让我提供一些建议，可以告诉我。我的建议只是个人的一些想法，你可以自己决定是否采纳。"

4. 不要把孩子当成受害者，否则也会让他认为自己是个受害者。

5. 当你的孩子不想见一个朋友，或不想跟一个朋友玩时，你要支持他的决定，不要强迫他和解。如果孩子决定和一个朋友断绝关系，你要相信他，他或许有很好的理由再也不和那个朋友一起玩。

6. 如果你有不止一个孩子，不要期待他们的朋友喜欢与你的所有孩子一起玩。重要的是，要允许每个孩子有各自的朋友圈，如果孩子愿意的话，可以选择与自己的朋友玩，而不受兄弟姐妹的打扰。

预防孩子发生争吵和打架的建议：

1. 不带任何责备的字眼跟孩子谈谈他在出现的问题中可能需要承担的责任。

2. 跟孩子说说你童年时与朋友打架或吵架的经历，发生了什么样的事，以及你有什么感受。

3. 当睡前给躺在床上的孩子掖被子时，问问他们一天中最伤心和最快乐的时刻。孩子们会知道，他们可以与你分享自己的经历，无论是快乐的还是伤心的。

对待孩子争吵和打架的问题，建议家长：

1. 要知道孩子之间的吵架或打架是正常的，并将其看作孩子成长过程中必须经历的一部分。要知道，冲突终会过去，并且比你想象的还要快。如果大人不介入的话，孩子们常常会更快地结束一场冲突。

2. 要记住，和大人一样，孩子们更需要的是一个参谋，而不是把解决办法强加给他们。

3. 要记住，一般的打架和安全问题或针对一个人的暴力是不一样的，你要据此调整自己的角色。

案例分享：莉莉和菲菲在整个小学阶段都是最要好的朋

友。到上中学时，菲菲带着一群颇受欢迎的女孩子也加入了进来。菲菲认为，每次在这些女孩中找一个人的碴儿、排挤她并确保大家都"恨"她，会很好玩。对于这个年龄段的孩子来说，这种行为并不算正常，但仍然是可接受的。莉莉把这件事告诉了妈妈，并说自己不喜欢这样，但如果不随大流，她就一个朋友都没有了。莉莉的妈妈说，或许用不了多久，莉莉就会成为被她们找碴儿的人，因为在这种情况下，每个人都会轮到。她鼓励莉莉参加一些校外活动，以便结交到另外一些朋友。

　　果然，莉莉当替罪羊的那一天来了，她被朋友们排挤出了那个圈子，甚至连菲菲也不跟她交往了。莉莉很伤心，但她也很宽慰，多亏了妈妈的鼓励，自己有另外一群朋友可以交往。

第**5**章

自我意识能力

一个有自我的孩子

一定是自由的

这样的孩子有

清醒的认知

勇敢的选择

无悔的担当

5.1　认识自我

人生哲学的三个终极问题：我是谁？我从哪里来？我要到哪里去？你认识自己吗？你想认识自己吗？我们又可以教孩子从哪些途径去认识自己呢？

认识自我是指个体能正确评价自己、接受自己，并在此基础上使自我得到良好的发展。自我悦纳不仅指接纳自己人格中的优点、长处，更要接受自己的缺点与不足。在接受不足基础上，努力改进自己、完善自己，而不是妄自菲薄、失去信心。

"认识你自己！"这是刻在希腊圣城德尔斐神殿上的一句著名箴言，它用一种直截了当的方式，告诫世人，要认识人的本质，认识自己的特性和真正价值，增强做人的信心。

认识自我包括三方面。第一，接受自己的全部，无论优点还是缺点，无论成功还是失败。第二，无条件地接受自己，接受自己的程度不以自己是否做错事而有所改变。

第三，喜欢自己，肯定自己的价值，有愉快感和满足感。只有真正做到这三点，我们才能真正地认识、悦纳自我。

很多时候家长和我抱怨，孩子没有学习动力，一点都不自觉，其实都是因为孩子的自我意识能力不够，不能认识自我。一个自觉的孩子一定是有自我的孩子，一个有自我的孩子一定是自由的孩子，一个自由的孩子不会为所欲为。为所欲为是被欲望控制住了，其实并不自由，而真正的自由就是有清晰的自我认知，遇到问题能勇敢选择，并有承担自己选择带来后果的勇气。

每一个人都是一个"独特的我"。无论男性还是女性，都各有各的价值。每个人都是美丽的，我们会因为可爱而美丽，积极的、健康的性格可以通过平时的努力来培养。人的能力是多方面的。要愉快地接受自己，并通过努力，改进和发展自己。

如何引导孩子做到认识自我：

1. 勇敢地接受自己的缺点、不足或缺陷。每个人都有不完美的地方，要接受自己的不完美，每天给自己一个完美的笑脸。

2.每天想一次自己的优点和长处，并发扬这些优点和长处。

3.当取得成功的时候，尽情体验自己的喜悦，并与他人分享。

4.悦纳自我，就是欣然接受自我。

5.客观地评价自己。

6.守住底线，在做到悦纳自己的时候要能够不伤害、不妨碍他人。

《认识自我》爱的练习一：

我是谁？完成下列句式。

如，我是一个爱笑的人。

我是 ＿＿＿＿＿＿＿＿＿＿＿＿＿＿＿＿＿＿＿

我是 ＿＿＿＿＿＿＿＿＿＿＿＿＿＿＿＿＿＿＿

我是 ＿＿＿＿＿＿＿＿＿＿＿＿＿＿＿＿＿＿＿

《认识自我》爱的练习二：

写下孩子的优点和缺点，并举出具体的例子。

5.2　尊重孩子的五个维度自由

自尊，亦称"自尊心""自尊感"，是个人基于自我评价产生和形成的一种自重、自爱、自我尊重，并要求受到他人、集体和社会尊重的情感体验。自尊是人格自我调节的心理成分。自尊有强弱之分，过强则成虚荣心，过弱则变成自卑。

美国机能主义心理学的先驱 W·詹姆斯在《心理学原理》一书中提出了一个关于自尊的公式：自尊＝成功÷抱负，自尊取决于成功，还取决于获得的成功对个体的意义，增大成功和减小抱负都可以获得高的自尊。成功或许有许多制约因素，不是很容易就做到的，但我们可以降低对工作和生活的期望值，这样，一个小的成功，就可能使我们欣喜不已。

自尊心是孩子人格的脊梁。如果孩子没有建立起自尊，不懂得如何去看别人的眼神，也不会用心去研究社会的行为规则，他就不会寻求别人的尊重和认可，由此也没有上进心。批评教育对这类孩子是没有意义的，因为他不在乎你的看法，你的批评对他不起作用！

没有自尊心的孩子不会主动参加社会活动，也不懂得尊重别人，没有在群体中出类拔萃的欲望。可以说自尊心是孩子的生命之火，是孩子成长的原点，是孩子实现自我价值的重要维度。自尊心没有建立起来，就等于孩子的生命之火没有被点燃，因此也不会有成长的动力！

建立孩子自尊心的最好办法是尊重孩子，把孩子当作和自己完全平等的人来对待。当父母尊重孩子之后，他就会开始尊重自己，进而会尊重他人，这样他的社会化过程才能启动。建立孩子自尊心的最重要方法是无条件地接纳。无条件地接纳是接纳孩子不良的语言和行为背后的情绪和动机，而不是接纳孩子骂你"坏妈妈"，你要接纳他骂你的情绪从哪里来；不是接纳孩子不写作业，你要问他不写作业的原因在哪里；不是接纳孩子偷别人的东西，而是接纳他偷别人东西背后的欲望来自哪里。要做到尊重孩子，请还给孩子五个维度的自由。

第一个维度：尊重孩子感官的自由。感官有哪些？口耳眼鼻身。感官是我们认识世界的基础，所以我们允许孩子多听、多看、多想、多动、多接触。如果一个孩子有才能，绝对不只是学富五车、才高八斗，而是对一件事物保持敏锐的感知，并且充满了昂然的兴趣。就像牛顿看到苹果落下，他会思考苹果为什么会往下掉，不往上面飞，不往左边右边飞。他的感官让他敏锐地觉察到这件事情值得研究，于是对它兴趣盎然，才最终发现了万有引力论。如果孩子的这些感官没有得到呵护，而是被剥夺，相信他可能很难活在这个世界上。就像在狼群里面长大的孩子只受到狼的驯化，是一个没有受过感官刺激的人，或者说因为感官刺激比较单一，所以他最终成了狼孩。

第二个维度：尊重孩子情绪的自由。关于尊重孩子情绪的自由在第 3 章有详细的解析，请仔细回忆前面的内容。

第三个维度：尊重孩子需求的自由。还记得情绪的来源吗？需求未得到满足。尊重孩子需求的自由，冷了要穿，饿了要吃，这是本能。饱和不饱，谁有资格说了算？是你还是孩子？很多时候，有一种饿，叫妈妈觉得饿；有一种冷，叫奶奶觉得很冷。别把家长的观点强加给孩子。

第四个维度：尊重孩子思维的自由。还记得培养孩子的目标吗？现在快乐，将来有成就。孩子的成就来自哪里？来自你曾经尊重过他的思维的自由。举一个例子：如果有位小朋友有一天指着月亮说："妈妈，那是什么？"妈妈告诉孩子，那是月亮。孩子说，妈妈我要上去。妈妈可能会说："那么高，你上得去吗？"也可能会说："你要是上去可以啊，你现在要好好学习哦。"孩子说："算了，我不去了，还要好好学习……"阿姆斯特朗的妈妈可不是这么说，她跟孩子讲："记得回来吃饭哦。"然后带着他去图书馆，翻阅所有的太空读本，订阅有关宇航员的海报。所以阿姆斯特朗的家里面有很多关于太空知识和宇航员的海报，每天早上阿姆斯特朗的妈妈是这样叫他起床的："我的小宇航员，起床喽；我的小宇航员，我们要写作业了。"想想孩子在这种语言的激励下，有这么伟大、美好、无私的梦想，他能没有学习动力吗？

第五个维度：尊重孩子选择自己人生道路的自由。别忘了孩子比我们更能适应未来的社会，所以我们有什么好担心的呢？我们为何要帮他去选择人生道路呢？当一个人都不能为自己做主的时候，他怎么会有自尊呢？

《尊重孩子的五个维度自由》爱的练习一：

在尊重孩子五个维度的自由中，你对哪个印象最深？讲一讲你的感受。

《尊重孩子的五个维度自由》爱的练习二：

如果一个青春期的孩子浏览色情暴力网页，是否要尊重他的感官自由呢？该如何解决这个矛盾？

5.3　尊重孩子的前提和界限

　　一位妈妈发朋友圈说："如今做妈太难了，我是尊重孩子的，却被老公和婆婆指责是溺爱。请哪位大神告诉我，什么样的爱是溺爱？"其实为人父母都有这样的困惑，严厉了，怕孩子变得胆小怕事；松懈了，又担心孩子调皮得无法无天。很多时候，尊重和溺爱的确很难区分，如果一定要给尊重和溺爱找出明确界限的话，我觉得几乎不可能，但我们还是可以去找参考点。

　　尊重孩子的前提条件：你要尊重自己五个维度的自由！

　　简单说，就是当我们在尊重孩子五个维度的自由时，也要尊重自己的五个维度的自由。当尊重孩子的五个维度的自由时，我们会发现有很多矛盾的地方。尊重孩子的感官自由，可当孩子看色情视频的时候怎么办；尊重孩子的情绪自由，可当孩子不停哭闹的时候怎么办；尊重孩子的需求自由，可玩游戏是他最大的需求怎么办；尊重孩子的思维自由，可他只想整天待在房间怎么办；尊重孩子选择人生道路自由的时候，他选了一条明知是错误的路，又应该怎么做。

孩子看色情视频，你的心情怎么样？如果你很担心、害怕和生气，那么你可以用语言表达出你的情绪，记得不是带着情绪去表达。当孩子想要你陪他玩而你又很累的时候，在孩子的需求和你的需求发生冲突时，你是否能尊重自己的需求，并且表达给孩子呢？为了更好地解决这些问题，我们一起来看看尊重的四条界限：尊重不放纵，关怀不干涉，邀请不要求和分享不教导。

尊重不放纵。尊重孩子独立的人格，尊重他的权利和界限，尊重他尚不成熟的想法，尊重他的话语权，尊重他犯错误并从错误中成长的方式；不放纵他一意孤行，不放纵他在错误的路上越走越远，不放纵他违反游戏规则，不放纵他以偏概全，不放纵他顺从自己所有的欲望……

关怀不干涉。关怀他的身体成长、心灵成长、情绪商数，不干涉他的感受、感觉、情绪。

邀请不要求。当我们用邀请的语气和语言对孩子说话时，孩子更愿意与我们合作，这是因为孩子有一种被需要、被尊重的感觉。如果他的抉择或者付出的行动在实践中得到我们的认可或者赞美，又会获得一种成就感。不管是大人还是孩子，我们都喜欢被人尊重的感觉，都喜欢有成就感。而当我们用要求的语言去命令孩子时，只会显示出我们的权威，孩子也感受不到我们的尊重，当然就不乐意合作了。

有句话说：有效继续，无效改变。如果我们要求、命令孩子时，不是那么好用或者孩子即使听从了我们，也带着不情愿，不妨转变一下，试试邀请而不要求！

分享不教导。 分享我们的经验和智慧，不教导他重走父母成长的老路。毕竟，他首先是他自己，然后才是我们的儿子、女儿，他可以有自己的感受、想法和行为方式，我们可以担忧、焦虑、烦恼甚至愤怒，但是我们不可以包办代替、指手画脚。

5.4　培养孩子的自信

　　自信是什么？自信有什么用？自信具体怎么去培养？好，请先拿出纸和笔，画一条横线，横线的最左边标一个减号，最右边标一个加号，并且在右边加一个箭头，然后写上"我好"。接着我们再来画一条竖线，与这条横线垂直相交，并且把横线平分，在竖线的最上面也画上一个箭头，写上"他好"，上面写加号，下面写减号，于是就划分出四个区。

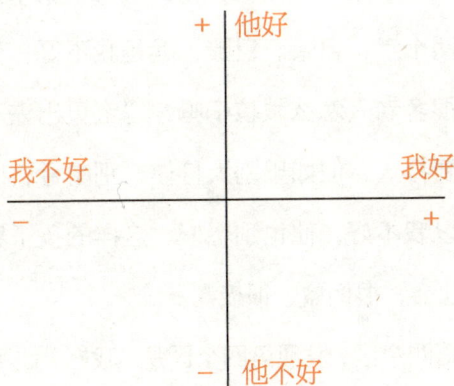

第一个区的内容是"我好，他好"，这就是自信。另外三个区呢？

左上角的区，我们把它叫作第二个区。第二个区我们发现是"他好，我不好"。认为"他好，我不好"的孩子是自卑型孩子，请在第二区内写上：自卑。自卑的孩子是怎么来的？是家长拿自己的孩子跟别人家的孩子比出来的。主观上家长希望自己的孩子能像隔壁家的孩子一样，用心学习，懂礼貌，能够做很多事情，成为一个非常优秀的孩子。只是这种行为会让孩子产生错觉——他好，我不好，所以就产生了自卑的心理。

第二个区的下面是第三个区，你会发现"我不好，他不好"。写上两个字：自毁。自毁，就是我不好，他也别想好。还记得很多老人怎么教孩子吗？"宝贝出去不要惹是生非哟，不要打人，但如果别人打你，别吃亏，别忘了打回去。"所以我不好，他也别想好。这样的孩子容易报复他人、报复社会，很偏激、很极端。

最后来到第四个区，发现第四个区是"我好，他不好"。认为"我好，他不好"的孩子属于自大型孩子，是由父母不切实际的养育方式和表扬行为培养出来的。"宝贝你真棒！"孩子只是给你递了一杯水，孩子只是帮你拿了一下包，孩子只是帮你拿了一双拖鞋，做了一件很小很小的事情，你的表扬却无限放大，这样只会让孩子的自我感觉越发良好。

四个区我们都解读完了。自信的孩子应该是"我好，他也好"；自卑的孩子是"他好，我不好"；自毁的孩子是"我不好，他也别想好"；自大的孩子是"我好，他不好"。

那该怎样去培养自信的孩子呢？

第一，请注意你的行为：不比较。是不是真的不要比较？也不是，是不拿你的孩子跟别的孩子比，但是可以把你孩子的今天跟昨天比较，今天跟明天比。可以做纵向对比，而不是横向对比。俗话说"人比人气死人"，你觉得孩子怎么会那么没出息，孩子还觉得你为什么不是领导呢？

第二，请注意表扬的方式。在表扬的时候应该这么做：描述他的行为，说出你的感受，再用一个词来概括。比如，"孩子，我看到你拿拖鞋给妈妈，妈妈很开心，你真孝顺"；"孩子，我看到你把字写得很工整。噢，妈妈真高兴，因为这叫认真学习"。要把"你很棒"分作三句话来说："把字写得很工整",是你看到的事实;"妈妈很开心",表达了你的感受,"这叫认真学习",是用"认真"给他做了一个品质的概括。

第三,要注意多用正面的、积极的、向上的词语,而去掉否定性的词语。举个例子:不要想大象,不要想那头红色的大象,你千万别去想那头红色的大象。读这行文字的时候,你能照做吗?发现没有,你不知不觉地就去想红色的大象了。所以生活中我们常常把这样的话挂在嘴边:"你不要跑""你不要写得这么马虎""你不要这么不听话"。孩子的思维是具象思维,他听不懂否定的部分,他听到的是"跑"、是"马虎"、是"不听话"。那么我们该怎么说呢?"走慢一点。""把字写工整。"当你的语言中有很多正面的、积极的、向上的词语时,孩子的自信也就建立起来了。

当然我们还可以做一些练习,比如眼睛对视。你发现没有,凡是没有自信的孩子,都很难跟你对视。你会发现,不自信的孩子说话的声音通常很低,走路的速度很慢,经常会躲在家长后面，表现出退缩的行为。所以听课的时候，不妨坐到最前面，并且积极地跟老师互动，给孩子做一个榜样。

最后给出培养孩子自信的 10 个小练习，请尽量在生活中去应用。

1. 每次出门时让孩子带路。不管是拜访亲友还是外出旅游，要试着让孩子走在前头，为我们带路。

2. 坐在第一排。如果不是对号入座，就坐在最前面，不论是开会、听课、看演出，都坚持这样做，培养孩子敢为人先的意识。

3. 让孩子多做力所能及的事情。"自己把鞋穿好""把电视关上""把杯子递给爸爸""帮妈妈把门打开"。日常生活中把一些小事交给孩子，鼓励他独立完成，常常会使孩子信心倍增。自信源于能力，要让孩子确信自己有能力做好事情。

4. 正视别人。经常练习正视别人，用有力的目光注视对方，并且保持笑容。

5. 保持良好的走路姿势。昂首挺胸，两眼看向远方，经常有意识地把走路速度加快。

6. 暗示孩子不一般。经常用暗示的方法，使孩子相信自己是个特殊人物，将来必定有出息。这样能使孩子经常保持良好的自我感觉，而且对自己也会有较严格的要求。

7. 让孩子参与家庭决策。让孩子参与到家中事情的决策中，如去超市购物时征求他的意见："你看哪一个盘子漂亮""要买哪种牛奶"，等等，决策者的感觉会让孩子觉得自己很重要，而且在参与家庭决策的过程中，能锻炼孩子判断力与办事能力，进而对自己做出进一步的肯定，增强自信。

8. 遇到挫折时安慰孩子。即使遇到最大的失败，如高考落榜，也不能用严厉教训或惩罚的方式对待孩子。相反，应该加以特别的关怀和安慰，还要用暗示的方法使孩子相信天无绝人之路，并用塞翁失马的故事进行开导，使孩子相信有时坏事会变成好事。

9. 找到孩子的优点，并加以鼓励。这不仅对一般孩子有效果，即使是优秀的孩子也很需要鼓励，天才也会因为缺乏动力而枯萎。对那些成绩较差的孩子来说，更需要用这种方法来培养他的自尊和自信。

10.告诉孩子，爸爸妈妈也会犯错误。父母如果对孩子隐瞒大人也会犯错误的真相，孩子就会很难接受自己犯错，或者在一件事没做好时自暴自弃，这样孩子永远也不会牢固地树立自信心。所以，面对孩子时不妨如实承认自己的过错，如丢了钥匙、忘关水龙头，当孩子知道人人都可能犯错误时，就不会因为一点行为过错而过分恐慌，而是会把错误当作前进中的小插曲，正视错误，克服缺点。

用好这10个方法，孩子才会带着自信走在人生路上，并茁壮成长。

《培养孩子的自信》爱的练习：

在生活中，培养自信的哪种方法你运用得更多、更有效果？你是否还有其他的方法？

5.5　培养孩子的自律

经常会碰到小学生的家长来咨询："我的孩子做作业太慢了，注意力太不集中了，别人半个小时能完成的作业，我的孩子非要三个小时，导致每天晚上都睡得很晚，我该怎么办呢？"

按照我给的建议做，通常都会让孩子学会自觉、学会自律、学会自己做时间管理。

那些喜欢磨蹭的孩子，大多数是因为时间观念不强，没有良好的自觉和自律，导致做事效率低。

有一位一年级的数学老师曾经做过统计，班上只有不到一半的孩子认识时钟。也许我们觉得孩子认识时钟是自然而然的事，也许我们觉得那应该是老师教的。让孩子有时间观念，尊重他们的内在节奏，带着他们去认识和体会时间，让他们感知一分钟可以做哪些事情。

比如做一分钟的汉字训练。找一些生字，看孩子在一分钟之内能写几个，记录下每次的情况并进行比较。还有一分钟口算训练，准备一些口算题，年级不同，难度也要不一样。规定一分钟，让他数一分钟能走多少步。这都是很好的体验时间的方法。

关于做作业的方式，可以用回家作业八部曲记录表（表1）。把这个表格打印出来，贴在孩子的床头或者书桌的旁边，让它每天陪伴孩子，让孩子形成良好的作息。

回家作业八部曲　记录表　（　月　日　第　周）

步骤	内容	周一	周二	周三	周四	周五	总评
1	放好书包换鞋衣						
2	讲究卫生把手洗						
3	一定喝水吃东西						
4	赶紧坐定先复习						
5	再做作业心有底						
6	检查对错需仔细						
7	明天学啥先预习						
8	收拾准备好欢喜						

表1

八部曲记录表中是周一到周五每天的 8 个步骤，每一周共有 40 个空格，每一个空格，你不妨用印章、贴纸来代替写字。等孩子集满 20 个的时候，可以满足他的一个小小愿望，集满 30 个可以再满足他一个愿望，集满 40 个可以满足一个更大的愿望。

类似这种常用的培养孩子自律的方法，在儿童心理治疗中叫作阳性行为强化法。

阳性行为强化法是建立、训练某种良好行为的治疗技术或矫正方法，也称"正强化法"或"积极强化法"。通过及时奖励目标的行为，忽视或淡化异常行为，促进目标行为的产生。只要合理安排阳性强化程序，孩子一般都可以慢慢地达到我们期望的目标。所以，这种方法适用于出现行为障碍、希望改变行为的孩子。

在家庭教育中，家长对孩子的"管制"教育，破坏了孩子的学习情绪与学习自信，要改善就要"对症下药"——运用代币法。"代币法"是心理治疗中常用的一种行为疗法，通常对于 10 岁以前的孩子效果显著。所谓"代币"就是真正奖励物的暂时代替，犹如"小红花""红五星"之类的东西。

代币法的具体做法如下：

1. 父母必须了解孩子的兴趣与愿望，比如：孩子最喜欢的东西、最想要的玩具、最想去的地方、最爱吃的东西……

2. 父母与孩子一起罗列出需要改善的行为，比如注意力不集中、功课拖拉等。

3. 按照从易到难的顺序将行为进行排序，并从中选择几条给以具体的目标，比如每天晚上8点半之前完成功课等。这里要特别指出的是：其一，行为目标一定要具体、明确，而不能像"注意力要集中""要抓紧时间完成功课"那样抽象；其二，刚开始实施时，选择的行为不宜过多，一般不超过5条，而且至少要有2条是孩子容易做到的，要给他们信心坚持。

4. 确定代币的表示方法，如打"√"，或者记"红五星"。

5. 确定行为达到时可以得到的代币数量，比如每天半小时内做完功课，奖励1颗红五星；每天1小时内做完功课，记10分；每天2小时内做完功课，记5分；作业检查没有错误，奖励1颗红五星；能自觉进行10道口算，记10分，

15 分可换 1 颗红五星……

6. 确定代币与奖励的兑换标准。刚开始的时候，兑换标准最好制定得细一点，将孩子可能赢得的最少代币的奖励考虑进去，而且要记得将物质与精神的奖励联系起来。

比如获得 1 颗红五星，可以奖励；获得 2 颗红五星，可以奖励；获得 3 颗红五星，可以奖励。连续两个星期 8 点之前完成作业的，可以奖励；连续 3 个星期独自完成功课，并在晚上 8 点之前完成的，可以奖励。

7. 确定代币兑换的时间，比如每周五的晚上。当然，刚开始的时候，可以两天兑换一次，以激发孩子的兴趣。

8. 在执行过程中，要特别注意以下三点：

第一，不倒扣。只记录孩子积极的行为，不要因为孩子的某次消极行为而将以前的代币取消。比如，孩子周一做到了，而周二没有做到，千万不要将周一的成绩一并取消了。

第二，强调"连续性"。如果孩子能持续出现某个目标行为，那么就加大奖励。因为"连续性"是形成习惯的基础，如果孩子为了得到代币与奖励而连续保持某个行为，那么三个星期后该行为将逐渐成为习惯。

第三，对奖励来源的合理控制，减少带有干扰性的盲目奖励。即在实施代币的过程中要所有家庭成员一致配合，使孩子得到奖励的来源尽可能唯一化，而不要出现"妈妈不给，爸爸或奶奶给你"这样矛盾的情况。有一人随意改变代币规则，都可能使代币法无法顺利进行。

为了顺利落实代币法，应努力做到以下三个方面：

第一，事前有约定。

第二，事中有提醒。不要一个星期结束了才去算总账，花点时间去陪陪孩子，过程中看看孩子做得怎么样，稍微提醒一下："儿子，今天的 8 朵红花，你觉得能拿几朵？拿不到的原因是什么？还要做哪些努力？需要爸爸的帮忙吗？"等等。

第三，事后有评价。评价整个过程，做得好的话，除了约定之外，不妨给予更多精神和物质上的奖励。

当然，精神上还是要重过物质上的，想一想，这些方法和方式是都可以做到的。在执行的过程中，父母要遵从的核心原则：温柔坚持，其中温柔是对孩子的尊重，当孩子不做的时候坚决不允许；当孩子要赖的时候，温柔而坚定地坚持："对不起哦，这是我们的约定，所以我们要一起做。"当然我们要记住，在这个过程中，我们不要接受孩子的承诺，也不要逼孩子做出承诺。当孩子违背约定的时候，家长可能需要反思一下：是否有逼孩子做出一些承诺呢？家长一定要做到说话算数，在养育孩子的过程中，记得别要求他们遵守承诺。而是说："爸爸不要求你一定拿 40 朵红花，你尽力就好了，等你做到了我们去庆祝可以吗？"是的，你看，孩子做到了，再去庆祝！很多家长常犯的错误是逼孩子说出承诺，并且逼他们去遵守，一旦不遵守就给他们贴上"没有诚信""说话不算数"的标签。这是不可取的。

5.6　静待花开

来，等你的孩子睡着了，可以静静地躺在床上。

准备好了吗？让自己平躺下来，非常安静、非常舒心地躺在那里，身上可以盖点东西，不要让自己被空调或者风扇之类的东西扰乱思绪。做一个深呼吸，深深地吸一口气，慢慢地吐出来。问自己，此刻好好地享受一下自己跟自己的时间好吗？还记得怎样做自我觉察练习吗？关注呼吸，跟自己在一起，问：我在想什么？我的心情如何？我的身体感受又是怎么样的呢？真好，你学会了。下面我分享的主题，叫静待花开。

孩子是一颗种子，是一颗怎样的种子呢？如果是苹果的种子，他会长成苹果树；如果是青松的种子，他会长成参天松树；如果是小草的种子，他会长成一棵小草；如果是野花的种子，他会长成路边的野花。请允许这个生命的存在，好吗？如果此刻你的心还静不下来，不妨再回头去读一读《珍惜孩子到你家》。

　　现在来做一个冥想，来，深呼吸，嗯，做得真不错，深深地吸一口气，慢慢地吐出来，此刻让你的思绪回到怀孕的时候。还记得吗？什么时候你得知有了今天的宝宝？当你从医生手里面拿过化验清单的时候，医生跟你说，你怀孕了。你的心情如何？你是有准备的，还是让你措手不及呢？你是把这个消息兴奋地告诉你的爱人、你的家人或者你的朋友，还是犹豫该不该把他留下来呢？你是否还记得孕前期那几个月的辛苦？有可能你的妊娠反应很重，吃了吐但吐了还要吃，因为你知道你要拥有一个健康的宝宝，所以那个时候心里面对这个种子有了第一个朴素的心愿，那就是我要生育一个健康的宝宝，所以你没有错过任何一次产前检查。养育一个孩子多么辛苦，只有妈妈才知道，十月怀胎，含辛茹苦，当你忍受着巨大的疼痛，把这个孩子带到世界上来的时候，那一刻你又是多么的幸福。

　　当你从医生的手中接过新生儿的体检报告时候，你长长地松了一口气，你发现孩子一切都正常，没有什么毛病，没有多一个脚趾也没有少一个手指。这个时候，当你充满着怜爱的目光，用你柔和的声音和积极的表达去呵护这个孩子的时候，你也会许下第二个心愿：我要培养一个优秀的孩子，我希望我的孩子有一个温暖的家，有一个幸福的童年，能够出人头地。正是因为这份信心、这份耐心、这份毫不吝啬的鼓励，于是你一次又一次地对这个孩子重复着：来，宝贝，叫妈妈叫爸爸，叫爷爷奶奶，叫外公外婆。你还记得你的孩子，从第一次教他到他真正学会叫这一声妈妈，你重复了多少次吗？是啊，成千上万次。你的耐心从哪里来？因为你知道孩子总有一天会说话，总有一天会走路。还记得当孩子会说话、会走路了，你会高高地把它举过头顶，你会跟孩子的爸爸说，看你儿子多聪明；你会跟爷爷奶奶说，看你们的孙女多厉害。你从来不吝啬你口中的鼓励。是的，其实你就是一个天才教育家，因为教育家所拥有的三个特性你都拥有，那就是信心、耐心和毫不吝啬的鼓励。

　　渐渐地，你的孩子经过了幼儿园，可能转眼间到了小学、中学。来，把你孩子的样子浮现在眼前，想象他就在你的面前。想象出来了吗？他是什么样子的？看到他，你的心情是怎样的？曾经的两个心愿还在吗？你希望你的孩子跟别的孩子一样的优秀,但当他作业还没做完的时候,当他表现不如别人的时候,你就失去了那份信心,也失去了那份耐心,还丢掉了曾经毫不吝啬的鼓励。

请允许孩子成为自己,可能他永远都不能成为栋梁之材,可能他永远都结不出苹果,因为你的孩子只是一棵小草,只是一朵野花。别忘了,小草有它的坚韧,野花也有它的芳香,让我们抱着一颗守护生命的心,去欣赏、去拥抱孩子,让我们一起静待花开,好吗? 相信孩子,相信自己,让我们静待花开。

第 6 章

社会适应能力

挫折教育不是让孩子吃苦受罪

去体会生活的艰辛

而是教孩子学会选择

让孩子知道流着血泪的坚持

和笑着放下的豁达同样重要

6.1　生活自理能力的培养

生活自理能力，是指人们在生活中自己照料自己的行为能力。一般包括以下方面：

1. 在生活上能自己处理日常生活琐事，比如做饭、吃饭、卫生、购物、学习等。

2. 在人际关系上能处理好人事关系，能独立处理一些事务。

3. 在心态上能独自承受各种压力。

4. 在学习上能独立思考、独立理解。

为了培养孩子的动手、动脑和生活实践能力，树立"自己的事情自己做"的自主意识，进一步倡导学生热爱生活、热爱劳动的观念，结合小学阶段劳动技能递进训练目标，学校制定了一系列的劳动技能关卡《小学 1~6 年级家务劳动体系清单》。这个清单可以作为家长培养孩子的行动指导。

一年级具体内容和要求：

1. 在家能进行垃圾分类。

2. 学会洗袜子、扎红领巾。

3. 学习用扫把扫地，会用簸箕。

4. 学习折衣服、裤子、袜子等。

5. 饭前盛饭、摆碗筷。

6. 饭后收拾并擦干净桌子。

7. 会洗水果。

8. 坚持每天自己背书包上下学。

9. 学会擦黑板、抹桌椅、开关门窗。

二年级具体内容和要求：

1. 学习用拖把拖地，怎样才能拖得又快又干净。

2. 学习清洗简单的小物品，如自己的袜子。

3. 坚持饭前帮家人盛饭、摆碗筷。

4. 坚持饭后收拾、擦桌子，并学习洗碗筷。

5. 学会分辨蔬菜的好坏，剔除蔬菜中不能吃的部分。

6. 坚持自己的衣裤自己折。

7. 学会整理自己的书柜、书架。

8. 学会叠被子，给父母或长辈做些表达孝心的事：把父母或长辈的被子叠方正、整齐。

9. 学习系鞋带。

10. 学会擦黑板、扫地、抹桌椅、开关门窗。在老师的指导下当好值日生，搞好室内外公共卫生。

三年级具体内容和要求：

1. 能自己洗头、梳头、洗澡，学会洗小件衣服。

2. 会折衣服、裤子、袜子等。

3. 饭前盛饭、摆碗筷。

4. 饭后收拾、擦桌子、洗碗筷。

5. 会洗自己的鞋子，帮家人擦皮鞋。

6. 会用水果刀削瓜类或水果的皮。

7. 会用针线缝扣子，会用削铅笔刀削铅笔。

8. 会打死结、活结、蝴蝶结等。

9. 水果拼盘大请客。

10.给父母或长辈做些表达孝心的事：洗头、洗脚等。

11.整理自己的书柜、书架。

四年级具体内容和要求：

1.坚持垃圾分类，并用行动影响家人。

2.自己种植一种蔬菜或绿植。

3.学习用针线缝扣子等。

4.整理自己的衣橱和衣物。

5.坚持每周帮家人洗一次碗。

6.坚持每月至少清洗一次衣物。

7.用彩纸等包装礼物。

8.书架进行归类整理。

9.熟练系鞋带。

10.能自己洗头发。

11.帮助烈属、军属、残疾人和孤寡老人打扫庭院或干一些力所能及的事情。

五年级具体内容和要求：

1. 学习用洗衣机洗衣服。

2. 坚持每次用完卫生间后及时打扫干净。

3. 坚持每天帮家人盛饭，饭后一起收拾桌子。

4. 学会整理换季衣服。

5. 坚持每天整理自己的书桌、书柜。

6. 照顾小弟弟、小妹妹。

7. 养护花草。

8. 学会炒菜、煲粥。

9. 当客人来访时，热情招待客人，让客人感觉舒服。

10. 帮助烈属、军属、残疾人和孤寡老人打扫庭院或干一些力所能及的事情。

六年级具体内容和要求：

1. 能做简单的饭。

2. 会自己换洗床单和被套。

3. 帮忙洗车、吸地擦地、擦玻璃（里外两面）。

4. 清理洗手间、马桶。

5.扫树叶，扫雪。

6.用洗衣机洗衣服（淡色和深色的衣服分开洗、清洁剂的量、水量、洗衣机的操控，晾衣服等）。

7.列出要买的东西的清单，到超市购买家人所需物品。

8.拟定家庭出游计划和出行攻略。

9.能够自行组织跳蚤市场。

6.2 如何让孩子面对挫折

随着生活水平的逐步提高，以及少子女的家庭结构，很多家长认为小朋友的需求基本能够得到满足，生活中缺少困难和磨炼，因此会特意给孩子制造一些机会进行所谓的挫折教育。其实，家长完全没有必要刻意去制造挫折。孩子在日常生活中，会经历很多挫折，会经常体验到挫败感。比如 6 岁的小朋友在学校丢了一支喜欢的铅笔，他会伤心、失落、难过，这就是挫折。这个时候家长可以利用机会让孩子面对挫折，引导他自己体会、接受并顺利度过。家长不需要急于去代替、责骂或者安慰、淡化，只需要在孩子难过的时候陪伴就好了。

随着孩子慢慢长大，进入幼儿园、小学甚至初中，他们在每天的生活中都会面临各种各样的挫折。比如习惯了在家里父母两人甚至加上爷爷奶奶、外公外婆 6 个人百分百关注的孩子，到了学校就会有很大的挫败感，因为他不可能获得老师百分百的关注。比如到了小学，孩子必须面对考试和竞争，小伙伴可能联合起来不和孩子玩，这是挫折。到了初中可能会有一些校园欺凌的现象，也可能会发展出一段又一段的友谊，当友谊破裂的时候，这也是挫折。

根据挫败感的来源，我们可以把挫折分为四种类型：替代挫折感、延迟满足、竞争和比较，以及被动放弃。

替代挫折感是什么意思？我们学习的途径除了自己习得以外，还有一种是观察别人，当孩子在乎的人受到挫折的时候，他也会感同身受。挫折并没有作用在孩子身上，孩子却感受到沮丧、悲伤、压力等负面情绪。比如孩子的同学因为打架受伤住院了，孩子看到了同学受伤的过程，也能感觉到受伤以后的痛苦。如果同学受伤以后请假很久，而带来了影响学习等不良后果，那他就能从中学到打架不是一个好的行为。也就是说，别人的经验也可以作为自己经验的一部分。

延迟满足。孩子的需求如果没有在预定的时间内被满足，就会感受到挫折。这个满足并不是不实现，而是会延迟，在这个延迟的过程中，孩子会有焦急、烦躁、愤怒等情绪。比如你答应孩子过生日带他去看电影，可是因为临时有事，你不得不把看电影推迟到孩子生日以后。这个时候孩子就会失望、烦躁甚至生气。

第三种挫折感来源于竞争和比较，是学龄孩子最普遍体验到的一种挫折感来源。因为孩子上学期间不得不面对考试、排名和升学。

最后一种是被动放弃。当孩子遇到不能战胜的困难而不得不放弃的时候，就会体验到挫折感。比如孩子训练了一年准备参加一年一度的羽毛球比赛，结果就在比赛前几天手受伤了，所以不得不退出，这种挫折就是被动放弃。

你是否能想到，原来我们的孩子在生活中会碰到这么多的困难和挫折？并不是我们通常所说的现在的孩子过得太舒服了。那么面对各种挫败，家长应如何正确引导孩子面对呢？

首先，家长可以充分利用替代挫折样本或者替代挫折教材，这个是挫折教育中最安全的途径，是在目睹别人挫折的过程中获得挫折体验。孩子可以通过观察父母、老师、身边的榜样，甚至可以从偶像、明星身上间接获得挫折体验。所以，从这个角度来说孩子追星不是什么坏事。

第二点关于延迟满足。爸爸妈妈们可以在平时的生活中对孩子的需求进行一些延迟满足或部分满足的训练。心理学上有一个很有名的实验：老师给幼儿园的小朋友每人发 1 颗糖，并对小朋友说，老师要离开一会儿，20 分钟后再回来。如果小朋友在这个时间内把糖吃了，那么老师回来以后他就不能获得额外的糖；如果等老师回来再吃的话，那么他可以再获得一颗糖。然后老师走了，小朋友们面对眼前的那颗糖，反应不一。有的小朋友立刻享受到了糖的美味，有的小朋友开始时能忍，后来忍不住也吃了糖，只有一小部分的孩子等到了老师回来再吃糖。心理学家对这批孩子进行了 20 年的追踪，他们发现忍到最后的孩子无论学业还是工作都比其他孩子要出色。

针对第三点——竞争和比较。建议家长首先放弃"学习好就一切都好""学习不好就一切都不好"的单一评价模式，帮助孩子建立一个多元化的评价体系。假如孩子已经很努力了，也没有在考试竞争中胜出，那就应该帮助孩子找到自己的强项，以弥补学习上的挫败感。即使学习不好，孩子也可能在体育上很出色，或者画画很棒，也可能人际关系很好，大家都很喜欢他。这样建立起来的多元价值评价系统，可以让孩子在很小的时候不被"我没有别人强""我不如别人"这种自卑感纠缠。

第四个要说说被动放弃。几乎在每个人心里都有一个理念：遇到困难就要克服它。这个理念本身是对的，但如果我们的思维模式和行为模式中只有这个理念，也是不行的。因为人的心理耐受力是有极限的。我们要帮助孩子建立灵活的思维模式和行为模式，面对挫折，家长不但要教会孩子哭着坚持，也要教会孩子笑着放弃。这两种能力都很重要。家长希望孩子一生都很顺利，不遇到挫折和困难，但这真的只是美好的愿望。现实是孩子一定会遇到各种各样的挫折，面对困难，即使努力了也不能克服的时候，我们要教会孩子灵活地处理。

最后，提出一点需要特别注意的地方：那就是父母千万不要为了对孩子进行挫折教育而为孩子制造挫折。

6.3　如何帮助孩子化解冲突

首先，我们通过一个故事来了解一下冲突是怎么发生的。有两位武士同时走进一片森林，第一位武士在一棵树下看到金色的盾牌，第二位武士在同一棵树下看到银色的盾牌，到底是金盾牌还是银盾牌？两个人为此争吵不休，甚至拔出剑来准备一决胜负。两个人整整打了几天也分不出胜负，当累得坐在地上喘气时，他们才发现盾牌的正面是金色，反面是银色，原来这是一个双面盾牌。这听起来好像是一个笑话，但是我们从中能够看出冲突发生的第一个原因是信息沟通不良，第二个原因是对有限资源的竞争。

孩子过年的时候收到一笔压岁钱，妈妈希望把孩子的钱存起来，作为以后上学的开销，可是孩子不同意，他打算买一个手机。在高度需要但量有限的情境中，通常会发生这种冲突，比如抢电视机的遥控器。再比如父母希望孩子好好读书，考上名校；爷爷奶奶却希望孩子早点上床睡觉，即目标不一致的时候，也会发生冲突。当我们碰到他人对我们造成损害的时候，或者发现他们对我们不诚实的时候，我们就会猜想：这个人不是故意这样做的，还是有意而为之呢？一旦觉察到对方的用意，就可能会引起我们的反感、愤怒，也会造成冲突。冲突的形式各异，轻重也会有不同。比说争吵、权斗、械斗、仇斗、战争这些不同形式的冲突会破坏社会的风气。另一方面冲突也有积极的作用，比如争议有助于不同观点和情绪的释放，有助于建立新的关系。

对待冲突的态度不应该是防止它的产生，而是应该采用正确的方法，使冲突得到圆满的解决。冲突是客观存在的，同样不可避免。在养育一个孩子的过程中，爸爸和妈妈之间可能有冲突，父母和孩子之间也会有冲突。

冲突有两种：需求的冲突和价值观的冲突。

那么如何理解价值观的冲突呢？价值观是一个人在生活的过程中，因为周围的人和影响而形成的对这个世界的看法和态度。简单来讲，就是一个人的看法和态度。比如有些人会觉得吃狗肉是很残忍的事情，而有些人认为狗肉和其他牲畜的肉没有区别。观点没有对错，只是立场不同。

那么该如何处理价值观的冲突呢？我们先要了解价值观的两种类型，被灌输、被教导的价值观，以及被经历的价值观。

被灌输、被教导的价值观，就相当于一个幼儿园的小朋友在上课的时候，听到老师讲 1+1 等于 2，这是被灌输和教导的，这时候园长走过来故意说"1+1 等于 3。"这个时候孩子会想 1+1 到底等于 2，还是等于 3 呢？是园长对还是老师对呢？一打听，园长管着老师，那就 1+1 等于 3。所以被灌输的价值观往往会引起内在的冲突，这也是心理问题的根源。

那什么是被经历的价值观呢？小朋友脱了一只鞋，脚上还穿着一只鞋，通过生活经历，他有了发自内心的自信，那么当别人说 1+1 等于 3 的时候，他就会跳起来反驳："不对，1+1 等于 2。"这就是两者的区别。

你是希望孩子被灌输还是希望他自己去经历？这取决于我们的选择。尊重孩子的五个需求，就是很好地尊重孩子价值观的表现。用尊重的方式分享价值观，当孩子出现问题的时候，他要的不是你的教导和灌输，而是在要你的分享。比如看到孩子在谈恋爱，你要做的是和孩子分享自己当年恋爱时的做法。这就是分享而不教导。

除此之外，还有一种冲突叫需求的冲突。还记得公平解决问题的五个步骤吗？了解双方的需求，找出彼此的共同点，找一找是否有可行的办法，然后选择一种办法执行，最后评估一下整个执行过程，看看这个办法是否合理。

6.4　孩子不被同伴接纳怎么办

几乎每个孩子都遇到过不被小伙伴接纳的问题，但是如果下面这些迹象日益明显或者持续了数周以上，而且孩子的举止有异常，家长就要留心了。

家长一提到某个小朋友的名字，孩子马上就会情绪低落或出现防备的表情；家长自己听到或者孩子主动说有人在散布关于他的恶意谣言；不再有朋友打电话来或者邀请孩子去做客；以前经常来家里的朋友现在不来了，现在没有人再叫孩子一块去参加以前他总是会参加的活动；孩子不再愿意去以前经常和朋友一块儿玩的地方；不愿意去上学；想退出运动会或者某项比赛，而孩子以前是非常喜欢参加那里的活动的；孩子开始说朋友的坏话，不想讨论某个人……

面对以上这些问题，作为父母，我们首先要预防，家长要以身作则。家长是不是也会在家里议论自己的朋友？是不是也会在背后说朋友的不是？家长是不是也会故意把某人排斥在自己的朋友圈之外？家长要反省自己的行为。孩子会把爸爸妈妈的一举一动都看在眼里，你希望孩子怎么做，就要以身作则。前面分享过家庭教育的核心，你想要你的孩子被同伴所接纳，那么你是否愿意去接纳同伴呢？

其次，要了解情况。如果你的孩子被小团体所排斥，你就要多方面了解情况，这样才能够更好地帮助孩子。当然也要了解孩子的生活。孩子选择了某项兴趣爱好，加入了某个小团体，有一天突然不去了，到底是什么原因，你不妨更深入去了解一下。有很多方法可以帮且你深入了解，比如和孩子朋友的妈妈经常见面；成立一个"亲子读书俱乐部"，邀请小团体中的所有成员和家长参加；或者一起组织去徒步，一起去锻炼身体，一起去看喜欢看的电影等。

最后，当孩子被其他孩子排斥的时候，我们需要做出快速反应。问题出现后，我们要立刻了解情况。

很多时候孩子会因为地域、宗教、文化有别于其他同学而被孤立；孩子的学习非常出色，或者有学习障碍，孩子看起来与众不同，或者说话和行为方式与众不同，其他的孩子不太喜欢孩子的行事风格，这都可能会是一些小团体对孩子进行排斥的原因。

　　如果你家的孩子受到了其他伙伴的排斥，或者不被他们所接纳，你是否有情绪存在，这才是问题的根本。当你面对孩子的无助、面对孩子被其他人欺负，或者被某一个群体所排斥的时候，你的心情如何？着急、难受？还有哪些情绪呢？你的情绪反应会直接影响到孩子对这个小团体的接纳情况。要理解孩子的行为，尊重孩子的心情。被排斥的感受真的不好。孩子对于被排除斥正感到委屈，可能以后才会主动地告诉家长发生了什么，现在你要做的是告诉孩子，我随时愿意听你说，我知道你很难过。当你这样表达的时候，孩子在小伙伴中受到的委屈，才能得到接纳。

　　我们要记住，不要当着孩子的面诋毁其他孩子。比如："哎，他不好，你不要跟他玩！""哎，他不跟你玩，你为什么非要跟他玩呢？他真坏！""哎，你为什么要和这帮家伙做朋友呢？"要告诉孩子："他们有自己的处事方式，我们再想想有没有让你与他们和好的办法。"

6.5　孩子被欺负了怎么办

如果孩子告诉你，自己被同学讥笑、嘲讽或者威胁，你一定要认真对待，及时帮助孩子。但是很可能在孩子受到欺负后，他不会主动地告诉你，你必须密切观察孩子日常行为中的细微变化，比如孩子不能解释身上为何有印记、伤口、瘀伤或其他的伤痕，以及为什么衣服破了；孩子不能解释为什么丢了玩具、学习用具、衣服、午饭和钱；孩子害怕一个人待着，不愿去上学；害怕坐校车，希望家长在上学的时候能够在校外等自己；突然变得非常黏人；孩子的脾气突然暴躁，不愿理人；不愿参加集体活动；偶尔会说自己很孤单；日常行为和性格上都发生了明显的改变，并且抱怨头疼胃疼，不得不经常看医生；睡不着、做噩梦，带着眼泪睡觉；尿床；开始欺负比自己弱小的孩子；孩子要等到回家后才上厕所；成绩突然下降得很厉害；不能集中注意力学习……如果你的孩子出现上述的一些情况，请注意，他有可能遭受了校园欺凌。

　　数据显示，20% 以上的孩子在很小的时候有欺负弱小的行为，而且故意欺负弱小同学的行为越来越普遍，越来越严重。欺负人的孩子和被欺负的孩子在长大后都可能会采取暴力的行为来应对一切外来侵犯。请家长认真对待，不管孩子是欺负人的一方，还是被欺负的一方。

　　校园欺凌的行为包括语言的伤害、身体的伤害和情感的伤害。我建议从以下三个部分进行关注：问题出现，提早预防，以及和孩子好好谈一谈。孩子被欺负后会感到尴尬难堪，从而不太可能主动跟家长和老师反映，反而会默默地忍受，避免和人接触，想方设法地不去学校。面对校园欺凌这个日益严重的问题，家长要提早和孩子讨论："被欺负了该怎么办？""有了什么事情一定要告诉妈妈或者爸爸。"

　　如果家长想让孩子学会独立地保护自己，就不要急着干预，或替孩子出头。孩子需要学着维护自己的利益，培养自信心，这样孩子才能在面对校园恶霸的时候，勇于保护自己。告诉孩子，避开校园欺凌那些恶霸经常活动的区域，比如走廊里、楼梯间、操场的角落、厕所等等。鼓励孩子多和一些讲义气的朋友在一起。如果几个同学结伴而行的话，校园里的那个恶霸或者熊孩子就不敢轻易来招惹他们了。

问题出现了，我们应该怎么做呢？认真地对待孩子的抱怨。爸爸妈妈最容易犯的错误之一，就是孩子在告诉大人他被欺负的时候，他们轻描淡写地对待这件事情。一定要告诉孩子："我相信你说的话，你告诉我是对的，我会想办法保护你的安全。"要客观地判断孩子是不是被欺负了。我们在面对孩子的投诉和抱怨的时候，可能只会讲"对方不是故意的""你不惹他，他怎么惹你啊"这样的话。而你要问孩子"你是否被欺负了很多次？""对方知道自己伤害你了吗？""对方看到你的生气或者难过，当时是什么反应？"如果孩子也不知道这些情况算不算欺负，爸爸妈妈就要鼓励孩子和现场的目击者聊一聊，听听他们的想法，听听其他同学对这件事情的看法。家长要做的事是追根究底，孩子通常不会主动地告诉大人自己被欺负，所以要主动地去问孩子。

对照上面种种被欺负后的迹象，直截了当地问孩子："你在学校不敢上厕所，是不是担心有人为难你？""你回家老是饿，是不是没有吃中饭？""你的文具不见了，是不是有同学故意拿走了？""你的衣服破了，是不是同学弄破的？"还可以了解具体情况，帮助孩子制订计划，不再被欺负。比如"出了什么事""谁干的""你们当时在哪儿？当时还有谁"，这些细节问题都应该去询问孩子，告诉孩子应该怎么做。大多数孩子被欺负了都会不知所措，他们需要家长的帮助，家长要非常具体地告诉孩子应该怎么做，也可以请自己信任的大人来帮忙，或者拜托其他人在自己不在的时候帮助孩子。

　　保护孩子是事发之后最重要的一个问题，所以既不要轻易给孩子许诺，也不要轻易忽略孩子的话。当孩子遭遇欺凌之后，首先要冷静，此时最重要的是孩子。比如曾经有一个九岁的小女生被邻居家的哥哥性侵了，性侵地的那个男孩十六岁。爸爸得知这一消息以后，立刻提起刀刺向了隔壁的男孩，导致了两个家庭的破裂。从那以后，这个小女孩一直活在妈妈的埋怨中，那就是"这个家现在支离破碎，完全是因为她跟隔壁的那个哥哥走得太近"。

　　第二是共情。当我们询问孩子的时候，只问原因，不要问过多的细节。如果不是专业的心理咨询师，可能会导致孩子二次受伤。

第三是接纳。告诉孩子，无论发生什么事情，父母都百分百接受，绝不抛弃孩子，安抚平复孩子的情绪。所有的孩子遭受欺凌以后，他所有的心理创伤、所有的心理危机都是从情绪急救开始的。所以还记得如何处理孩子情绪那一章吗？这里可以用上。

第四是感谢。感谢孩子能够勇敢地把事情讲出来，能够寻求家长的帮助。

第五是陪伴。孩子在受到校园欺凌之后，需要长久时间的陪伴，而不是指责。

最后才是追责，用法律的武器来保护自己，为孩子讨一个说法。

第 7 章

学习发展能力

学习发展能力

是伴随终身的能力

他将引导孩子

有尊严地开始其学习生涯

7.1　专注力的培养

很多时候孩子的学习问题一出来，九成以上的家长会认为是孩子学习不认真、偷懒。其实学习好不好和三个因素有关，分别是：学习动力、学习能力和学习方法。而九成的孩子是因为能力问题导致方法缺失、动力丧失，所以学习发展能力是最重要的因素。

学习发展能力包含四个关键能力的训练，分别是专注力、记忆力、思维力和阅读力。

一、什么是专注力

专注力是认知活动的动力功能。认知活动包括听知觉、视知觉、记忆、思维、想象、执行、反馈等活动。认知活动得以顺利开展的推动力正是专注力。

二、影响专注力的因素

1.事物本事对我们的吸引程度；

2.自身与他人在互动中的联结能力；

3.自身身体状态以及情绪状态；

4.自身的意志表现。

三、专注力的训练方法

1.做感兴趣的事。

兴趣是最好的老师，对于感兴趣的事情，孩子会表现出持久的专注力。找到孩子感兴趣的事，并鼓励他，让他从中感受到乐趣。如果是学习，就让学习的过程更加有趣。

2.加强与人在连接中的互动能力，加强互动训练。

无论是在生活中还是在学习中，给予孩子更多的积极回应；高品质地陪伴孩子，多带孩子接触人与大自然、动物；给予孩子充分的关注和赞美等。

3.加强自身感觉统合能力训练。

多带进行孩子多种运动，如打球、跳舞等；加强听知觉能力训练：包括听觉专注力、听觉工作记忆、精细控制、听觉加工速度；视知觉能力训练：包括视觉专注力、视觉工作记忆、精细控制、视觉加工速度，改善易走神现象；加强感觉统合训练。

4. 合理地表达及控制情绪。

人在没有负面情绪干扰的情况下，才能更加专注地去做一件事情。成人需要合理地控制自己的情绪，不让自己的情绪去干扰孩子，同时也要引导孩子表达情绪，并接纳孩子的所有情绪，让孩子的情绪保持在良性状态，让孩子更加专注地去学习、运动、游戏。

5. 培养孩子自主思考的能力。

独立思考可以提升自主意识水平，意识水平的提高可以有效地提升专注力。让孩子做他能做到的事情，在生活与学习中体验到成就感，逐步建立自信。

四、具体练习

第一项，净心训练：静坐 5 分钟，配合 5 次深呼吸，聆听放松的背景音乐。

准备工作：准备训练用的椅子或坐垫。1 个一次性杯子，里面装入高 1~2 厘米的大米或小米，上口用胶纸封好。

训练方法：孩子端坐在椅子上或者盘腿坐在垫子上，两手放于膝盖上；将装有大米或小米的杯子顶在头上；腰背挺直，全身肌肉放松；闭目；均匀呼吸，并逐渐放慢呼吸，同时数呼吸的次数；听着轻柔舒缓的音乐。这样持续坐 5 分钟。然后，将 5 分钟内呼吸的次数及杯子掉下来的次数记录下来。

检测标准：以静坐时呼吸的次数和头顶杯子掉下的次数一次比一次少为宜。

第二项，视觉集中：注视一点不动。

训练方法：将"附录 1"平置于距离眼睛 30 厘米处，目不转睛地盯视黑点 1 分钟，尽量不眨眼睛。注意黑点下面是否出现白色晃动的光晕。之后，移动视线到墙壁上，是否能看到一个白色的点，记录从看到白点到消失的时间。连续做三次。然后，把从看到白点到消失的时间记录下来。

检测标准：以白色光晕出现得越快、墙上白点持续的时间越长为宜。因为这与激活视网膜上的视锥细胞、视杆细胞的程度有关。随着训练次数的逐渐增多，激活视网膜上视锥细胞、视杆细胞的效果越好，白色光晕出现越快，墙上白点持续时间越长，注意力集中程度就越高。所以不必心急，要坚持练习。

第三项，听觉集中：数出几个指定汉字的数目。

听数列，数出某指定数字，如"2""4""6""8"的总数，并将其写下来。

14159　26535　89793　23846　26433　83279　50288
41971　69399　37510　58209　74944　59230　78164
06286　20899　86280　34825　34211　70679

训练方法：听家长读数列，数出某个数字的数目，并将答案写在纸上。注意：听第一遍时，数有几个"2"，听第二遍，数有几个"4"……数四个数字，要听四遍，并记录四次。

检测标准：全部数对为"优"，对80%为良好，对60%就要加油了。

第四项：注意力测试。

视觉测试方法：

1.拿出"附录2"。看懂测试题横行与竖列的意思：横行是英文字母，竖列是数字。

2.使用方法举例：如题目要求找到3K的数值，则先找到竖列的数字序号 3，再找到横行的字母 K。沿着 3 的横行往右看，直找到和 K 的竖行相交的数字 6，就是结果：3K=2。又例如：Q31=4，是沿着数字序号 31 的横行往右看到和字母 Q 相交的数字 4，即是结果。

3.从表 2 中找到"题目"一栏，例如"1K""1H""5X"等，按照上述的方法找到答案。然后把答案写在该题目下面的"答案"一栏中。例如"1K=3"，就在正对"1K"下面的"答案"栏中写上"3"。

检测方法：把全部做完以上 180 题的时间记录下来。

家长把孩子的测试题答卷对照题目找出答案，得出错误的个数，并计算错误率（错误个数／题目总数），再把结果抄下来。

以所用时间少，错误少为宜。这个测试在训练前做一次，训练结束后再做一次。两次的差值，即为注意力的提高程度。

题目	1K	1H	5X	C5	A7	O2	1V	3K	9Z	X9	W8	N12	2M	L5	Z19
答案															
题目	B5	4H	L1	12Z	19H	5L	J7	C1	118	8R	M20	13S	2N	4Q	P20
答案															
题目	6G	3F	3R	14Y	2T	L17	18C	4D	3X	5Y	1Q	V13	13J	4B	5R
答案															
题目	9S	G8	B2	5J	3W	4L	7Q	13K	Z11	5T	8R	17X	9D	1Y	I4
答案															
题目	F33	T38	27P	22D	Z21	C16	31M	24W	35H	Y37	D33	28X	33T	29O	F39
答案															
题目	13B	G15	22X	28S	34Q	37N	9W	14J	28F	32D	37W	H34	K25	18B	I24
答案															
题目	36X	31O	25C	23P	40H	36F	V39	4D	15K	30S	24Y	21J	H25	15X	33I
答案															
题目	24F	28W	36G	39Q	R31	T34	H37	X32	K27	33X	29F	27X	32H	D37	T18
答案															
题目	N19	16W	14K	30F	26J	I19	28P	29W	32D	4Z	30C	27J	37F	C31	Y34
答案															
题目	26L	21K	F28	S32	26O	24R	19X	16T	12K	38S	D39	35K	Z37	S35	H29
答案															
题目	T26	M20	Q27	D35	31P	22K	37P	25I	34D	29J	18C	Y25	31O	22F	17P
答案															
题目	27T	32F	40S	W39	B31	J28	A24	17K	R23	T26	30P	23N	16Q	29Y	K24
答案															

表2

听觉测试方法：

请家长朗读听觉测试材料，材料中的下一句比上一句长，语言成分多。家长慢速而清晰地读第一句，学生听完后重复出第一句；家长再读第二句，学生再重复……每句话家长只能读一次，测试学生能否听全、听正确。直至孩子复述的句子出现错误为止。

听觉测试：听句子，然后复述出来。把正确复述的句子数目写下来。

1. 小华打电话。

2. 小华晚上打电话。

3. 小华晚上在家里打电话。

4. 小华晚上在家里用手机打电话。

5. 小华晚上在家里用爸爸的手机打电话。

6. 小华晚上在家里用爸爸的手机给奶奶打电话。

7. 小华晚上在家里用爸爸的手机给住院的奶奶打电话。

8. 小华晚上在家里用爸爸的手机给在北京住院的奶奶打电话。

9. 小华晚上在家里用爸爸的手机给在北京住院陪爷爷

的奶奶打电话。

10. 小华晚上在家里用爸爸的手机给在北京住院陪爷爷治病的奶奶打电话。

11. 小华晚上在家里用爸爸的手机给在北京住院陪爷爷治病的奶奶打长途电话。

12. 小华晚上在家里用爸爸的手机给在北京住院陪爷爷治病的奶奶打长途慰问电话。

检测方法：

1. 记下学生能够正确重复的句子数目，并记下来。

2. 计算正确率（正确句子数／句子总数），以能够正确复述的句子多为宜。这个测试在训练前做一次，训练后再做一次。两次的比较值即为听觉注意力的提高程度。

第五项，专业训练法："舒尔特方格"。

1. 在一张方形卡片上画出 25 个方格，格子内随机填入阿拉伯数字"1~25"，共 25 个数字，也可以在微信小程序中搜索"舒尔特方格"获取。

2. 训练时，用手指按大小顺序依次指出数字的位置，同时诵读该数字，记录所用时间。

例：

6	21	17	15	19
14	1	5	13	16
23	7	2	4	12
8	22	3	11	25
24	18	20	9	10

检测标准：

按序指出并读完全部 25 个数字所用时间越短，注意力水平越高越好。

以 7~12 岁年龄组为例：能达到 26 秒以上为优秀，42 秒属于中等水平，50 秒则水平较低。

以 12~14 岁年龄组为例：能到达 16 秒以上为优良，26 秒属于中等水平，36 秒则水平较低。

18 岁及以上最好可到达 8 秒的程度，20 秒为中等水平。

舒尔特方格是全世界范围内最简单、最有效，也是最科学的注意力训练方法。寻找目标数字时，注意力是需要高度集中的，把短暂的高强度精力集中过程进行反复练习，大脑集中注意力的功能就会不断加固、提高。

7.2　记忆力的培养

孩子面对现在学习的内容，其中需要用到记忆力的内容占 64%，在课堂上老师们会教孩子理解和应用，可是一到要背诵和记忆的时候，老师只会给一个指令："把它背下来"，而不会教如何背下来，怎么记下来。那么该如何用科学的方法培养孩子的记忆力呢？

一、什么是记忆力

记忆力是识记、保持、再认识和重现客观事物所反映的内容和经验的能力。

二、记忆力低下的原因

1. 长时间睡眠不足。

睡眠不足导致孩子的大脑很难获得足够的休息，使大脑运转变慢。同时，孩子体内生化物质的分泌也会因此受到影响，使记忆力下降。

2. 孩子压力过大、用脑过度。

孩子压力过大与用脑过度的现象，会使大脑长期处于疲惫状态而无法缓解，这会让孩子记忆力下降，就像零件长时间连续高强度使用会使性能下降一样。虽然大脑是"用进废退"，但过度使用、持续压力过大、得不到休息，也会使其运转效率下降。

3. 营养不足。

大脑是人体最重要的器官之一，含有数以亿计的神经元细胞，控制着人类的运动、思考、记忆、运算等生理和心理行为，如果孩子营养不良或缺少大脑发育所必需的营养，就会造成神经细胞发育、发展的衰减，影响记忆力、注意力，甚至会造成永久性的大脑功能衰退。

4. 学习时注意力不集中。

注意力是影响孩子记忆效果的重要因素，孩子若无法将注意力长时间集中在需要记忆的内容上，学习、记忆的效果一定是比较差的。

5. 学习环境过于嘈杂。

学习环境嘈杂会引起孩子学习注意力不集中的现象，

进而影响孩子的记忆效果。

6. 记忆方法不科学。

人的大脑是有记忆和遗忘规律的，对不同的记忆内容，有与之相对应的科学记忆方法。不结合记忆规律、科学记忆方法进行记忆，只是一味地使用蛮力，效果自然不好，还容易遗忘。

三、提高记忆力的方法

记忆能力的提高对孩子成绩提高、自信增强、激发学习兴趣非常重要。人的记忆模式可分为四类：文字、数字、声音、图像，其中图像记忆才是人类最根本的存取记忆模式。图像记忆是一种长期记忆，不宜被遗忘，也更容易回忆。一个人记忆能力好，其实就是回忆能力强的体现。图像能透过大脑的特殊机能，进行大量且快速的记忆。所以，想让孩子做到快速记忆、牢固记忆，最好的方法就是把他需要记住的文字、数字或其他信息，转换为"图形"进行记忆。

科学记忆法就是帮孩子将文字、数字或其他信息转化为图像存储、记忆在大脑中，让孩子做到快速记忆、牢固记忆。

先介绍第一种快速记忆的方法 —— 联想法。你可以在看完这篇文章后，将此方法教给孩子去应用，也可以直接将此部分拿给孩子看，让孩子自己学习。

联想法就是以奇特、夸张的想象，将所需记忆的内容连结成一个"故事"。

请看下面的例子。

例1：按顺序记住以下毫不相干的词语。

第一组：大树、球棒、医生、鸭子、气球、巫婆、水枪、钢笔、超人、三轮车。

联想法：你砍下大树，做成一根球棒，走在路上碰见医生狠狠地打了他，他却变成了一只鸭子飞了起来，撞到了空中的气球，气球变成了巫婆，只见她拿着水枪和钢笔攻击了飞来的超人，最后超人掉到了三轮车上。

闭上眼把上面的故事情景在脑海中过电影，要奇特、夸张、有画面感，重复两次就记住了。

第二组：公鸡、书桌、台灯、咖啡、书包、闹钟、店小二、帽子、铁锤、可乐联想法：一只公鸡咆哮着飞到了书桌上，打翻了台灯，碰倒了咖啡，咖啡洒了一书包。这时闹钟突然响了，吵醒了正在睡觉的店小二，气得他摘掉帽子，拿起铁锤要打公鸡，结果却不小心打在了可乐上。

同样，闭上眼把上面的故事情景在脑海中过电影，要奇特、夸张、有画面感，重复几次就能记住了。

例2：记忆作品及对应的作者名字。

《水落石出》：峻青。

联想法：大侦探终于把这个案件查到水落石出，他终于可以骑上骏马，轻松地离开了。（水落石出、骏—峻、轻—青）

《秋柳》：郁达夫。

联想法：一位悍妇拿着秋天光秃秃的柳枝，欲打自己的夫君。（秋天、柳枝、欲打夫—郁达夫）

《少年闰土》：鲁迅。

联想法：天气大旱，一位少年为了湿润土地，竟然在上面撒尿。爸爸对他鲁莽的行为很生气，便训了他一顿！（少年，湿润土地—闰土，鲁莽—鲁，训—迅）

例3：记国家与首都。

阿尔巴尼亚：地拉那。

联想法：阿儿脾气很大，一次吵架竟然要拔你牙，幸好弟弟拉开他，弟弟有一个很有趣的名字，居然叫"娜娜"。简称：阿儿拔你牙，弟拉，弟叫娜。

刚果：布拉柴维尔。

联想法：刚果非常坚硬，儿子特别想吃，咬是咬不动的。只能两个人用布去拉它，才能为了儿子打开它。简称：吃刚果，布拉才为儿。

智利：圣地亚哥

联想法：一个人的智力胜过他的弟弟，却亚于哥哥。简称：智力，胜弟亚哥。

例4：记历史事件和对应时间。

莱特兄弟发明飞机：1903年。

联想法：他们第一次试飞时，没有十足的把握。为了安全起见，只能拎上一把伞，以便出事时可以跳伞逃生。简称：初次飞行，要求拎伞（1903）。

泰坦尼克号沉没：1912年。

联想法：像 Jack 和 Rose 一样，泰坦尼克号上乘坐的都是情侣，船沉之后情侣都抱在一起，所以一救就是一对（1912）。

例5：记数据。

一战中，有 1370 万人死于战场。

联想法：灭霸一站（一战）起来，打了个响指，家庭仅一霎（13）的工夫，就妻离（70）子散了。记：灭霸一站，一霎妻离。

两只老鼠在不到一年的时间内可繁殖 15000 只后代。

联想法：为了测得这一数据，专家在一个房间里放进两只老鼠，一年后来查数，结果成千上万只老鼠到处乱跑，这可怎么查？于是买来一粒鼠药投进去，立即就毒死了全部的老鼠，这才查出数来。专家纷纷竖起拇指说：药物（15）灵灵灵（000）！

总之，运用联想法时，编出的故事要夸张、有趣、反逻辑、卡通化、立体、色彩、新鲜、剧情、眼耳鼻舌身感官调动。并且，在每编完一个故事后，要在脑中重复几遍，记住这幅画面，这几组词就记住了。

第二种方法是索引法，又称"关键字法""简化法"，就是把需要记忆的内容简化，只记忆其中的一个关键字。具体的操作方式：把所需记忆内容的"字头"或"关键字"编成有意义的"短句"或"一幅画"。

（1）提炼所需记忆内容的关键字；

（2）用联想法把这些关键词编成有趣的短句或一幅画。

例1：中国四大名著是《西游记》《红楼梦》《三国演义》《水浒传》。

《三国演义》——三

《水浒传》——水

《西游记》——西

《红楼梦》——红

因为每三天就要浇一次水，所以西瓜特别红。

例2：中美洲八国是洪都拉斯、巴拿马、哥斯达黎加、尼加拉瓜、萨尔瓦多、危地马拉、伯利兹和墨西哥。

洪都拉斯——红

巴拿马——八

哥斯达黎加——哥

尼加拉瓜——你

萨尔瓦多——傻

危地马拉——瓜

伯利兹——伯

墨西哥——墨

一只红色的八哥鸟飞到你的面前，大声地说："你这个傻瓜是我大伯！不要犯傻用这瓶墨水泼我！"

例3：索引法背课文。

一个人能力有大小，但只要有这点精神，就是一个高尚的人，一个纯粹的人，一个有道德的人，一个脱离了低级趣味的人，一个有益于人民的人。（节选自毛泽东的《纪念白求恩》）

在背这段文字时，我们常容易出现记不全或记混乱的现象，抽出每句话的关键字，再用联想法重新组合成一句话，背起来就更容易。

一个高尚的人——高

一个纯粹的人——翠（粹）

一个有道德的人——德

一个脱离了低级趣味的人——趣

一个有益于人民的——人

高翠德是一个十分有趣的人。

例4：索引法背古诗（一）

《观沧海》曹操

东临碣石，以观沧海。

水何澹澹，山岛竦峙。

树木丛生，百草丰茂。

秋风萧瑟，洪波涌起。

日月之行，若出其中；

星汉灿烂，若出其里。

幸甚至哉，歌以咏志。

（1）提取关键字。

东，海，水，岛，树，草，秋，波，日，中，星，里，
幸，歌

（2）编成有趣的一段话。

东海上有一座水岛，上面有树有草，居然还有秋天的菠
菜！更有趣的是，这座岛上的日月是在中间的，而星星却在

里面。生活在这片岛上的人们，觉得好幸福啊，天天唱歌。

5. 例如：索引法背古诗（二）

《念奴娇·赤壁怀古》苏轼

大江东去，浪淘尽，千古风流人物。

故垒西边，人道是，三国周郎赤壁。

乱石穿空，惊涛拍岸，卷起千堆雪。

江山如画，一时多少豪杰。

遥想公瑾当年，小乔初嫁了，雄姿英发。

羽扇纶巾，谈笑间，樯橹灰飞烟灭。

故国神游，多情应笑我，早生华发。

人生如梦，一尊还酹江月。

（1）提取关键字。

大、浪、人物

西、人、周

石、拍、雪

江山、豪杰

公瑾、小乔、雄姿

羽、笑、烟

故、笑、发

梦、江月

（2）编故事。

大浪拍到岸上，拍出了许多风流人物。其中西边的人就是周郎。

石头不服，心想：我也要拍！结果却把自己拍碎了，变成了一堆雪飞在空中……

这堆雪可了不起，在空中画画，一会儿画江山、一会儿画豪杰。仔细一看，里面竟还有公瑾、小乔，真是雄姿英发！

不一会儿，雪画出羽毛，笑了一下，变成烟飞走了；

不一会儿，雪又画出故乡，故乡一笑，长出了头发……

猛地惊醒，我的天，原来是一场梦，在江月下的梦。

例6：索引法背地理知识点。

我国四大地震带为东南台湾和福建沿海地震带，华北太行山沿线和京津唐地区地震带，西南青藏高原和四川、云南西部地震带，西北新疆、甘肃和宁夏地震带。

（1）提取关键字。

台、福、海

北太行、京津唐

西南藏川、滇西

西北疆、甘、宁

（2）编一段有趣的话或顺口溜。

台湾福利是大海

北边太行京津唐

西南川藏美滇西

西北新疆甘与宁

反复把这个顺口溜读几遍，在脑海中形成画面，就能把四个地震带牢牢记住了。

以上就是"索引法"的举例，这里有一个要点，就是每个关键词（或句）的选择标准：应该是有助于前后联想的字眼，即这个词容易跟前后组词、造句，容易通过它联想到前后的相关内容。

第三种记忆法——"位置法"。位置法就是把需要记忆的资料固定在身体的位置上，又叫"身体定位法"。这样不仅可以正背、倒背，还可以抽背。

例 1：背诵记忆如下 10 个没有任何关联的词语。

大树、球棒、医生、鸭子、气球、巫婆、水枪、钢笔、超人、三轮车。

如果用联想法进行记忆，连接成为一个长故事的话，有些困难，从编写到记忆都是如此。那我们不妨用身体定位法，也就是把需要记忆的每个词，连通顺序与身体的各个部位进行连接，从而更加方便记忆与提取。

首先，把身体各个部位编号 1~20 并记忆。

编号的逻辑是按身体部位从上到下的顺序排列。比如 1 是头发，2 是眉毛，3 是眼睛，依次向下，重复几遍……

现在闭上眼睛，回忆 1~20 分别是身体的哪个部位。记住了身体不同部位代表的不同编号，再把上面的 10 组词分别与身体的前十个部位做连接，转化为图像进行记忆。

想象我们的头发丝都是一棵棵大树，脑袋上顶了很多的树；眉毛变成了球棒的样子；然后我们的眼睛出了问题，只能去看医生；我们的鼻子上顶着一只鸭子；嘴巴在吹着气球；这时我们的耳朵变得长长的，让我们变得像巫婆一样；我们的脖子上挂着一只水枪；肩膀上放着钢笔；我们的手臂变得非常粗壮，就像是超人一样；手推着三轮车向前走。

这段话我们再读一次，边读边想象那个画面。现在闭上眼睛，用手指向身体的各个器官，从 1~10，分别说出他们具体对应的东西 —— 你会发现，自己是不是已经全记住了？

而且，当我们用手指向身体不同的部位时，还会发现我们可以马上想出回忆起对应要背诵的词语。正背、倒背、抽背信手拈来，这可比传统的"死记硬背"要高效多了。

例 2：记忆购物清单。

我们去超市要购买面包、奶油、西红柿、烟、苹果、黄瓜、钳子、扫把、酱油、水杯。

运用身体定位法，便可以做如下联想：我们从超市出来了，买了很多东西。我们头上顶着面包，把奶油抹在了眉毛上，我们的两个眼睛变成了大大的西红柿，用鼻子吸着烟，嘴巴里还叼着一个大大的苹果，耳朵上挂着两根黄瓜，脖子上拴着一把钳子，肩膀上插着两根扫把像唱大戏的一样，手臂上涂满了酱油，黑黢黢的，最后手上拿着水杯。

再读一次这段话，边读边想象描述的画面。现在闭上眼睛，用手指向身体的各个部位，分别说出他们具体对应的东西 —— 你发现，自己已经全记住了。就这样，花几分钟用位置法记住要采购的物品，不但能训练记忆力，还能将内容牢牢记住，岂不是很方便？

四、记忆力训练的几个注意事项

尊重大脑的遗忘规律，根据艾宾浩斯遗忘曲线，告诉孩子应及时、主动地复习。

我们知道对已学习的东西的遗忘是有规律的、不均衡的，不是固定的每天忘掉几个。它的规律是在记忆的最初阶段遗忘的速度快，后来就逐渐减慢了，到了相当长的一段时间后，几乎不再遗忘。这就是遗忘的"先快后慢"原则。所学的知识一天后如不抓紧复习，就只剩下原来的 34% 了。所以，这说明了"随时复习"的重要性。

结合"遗忘规律"，我们能给孩子的记忆建议是：

1.要及时、主动地复习。遗忘总是先快后慢，所以要告诉孩子：重点的、难记的东西前几天一定要"及时回看"。及时回顾已学知识的 7 个时间点：15 分钟后、1 个小时后、当晚、1 天后、2 天后、一周后和 15 天后。能抓住这 7 个时间点进行巩固复习，基本上以后就不会再忘记了。在脑海中"主动"回忆信息，找出那些回忆不起来的点，再重点看一下，这样就可以筛选出容易被遗忘的信息，再重点加强记忆。

2. 重点知识在当晚睡前脑中过电影。每晚睡觉前，把今天学过的重点知识在脑海中过一遍电影。因为睡着后没有新知识的干扰，对老知识的记忆效果会极佳。

3. 多次复习 > 一次长时间复习。花相同的时间，"复习多次"比"一次花长时间的复习"效果更好。

即：7 次复习 × 20 分钟 / 次的记忆效果 > 1 次复习 × 140 分钟的记忆效果。

4. 一天中最适合记忆的 4 个最佳时间。告诉孩子，人的记忆效率有四个最高峰时间，分别是：早晨起床后、上午 8 点到 10 点、下午 18 点到 20 点和晚上睡觉前。这四个时间段思维灵敏、记忆效率高，所以记忆时应尽量选择在这四个时间段。

7.3 思维力的培养

爱因斯坦说过：人们解决世界的问题，靠的是大脑的思维和智慧。思维决定观念，思维左右人生，思维创造一切，思维是进步的灵魂。解决问题、战胜困境的最好武器是大脑，决胜的关键在于是否拥有先进的思维方式。

人的思维方式决定做事方式，决定看待世界和人生的眼光。优秀的思维，使人很容易走向成功。有好的思维就会有好的出路，有宏大的思维就会有宏大的出路，有精彩的思维就会有精彩的出路。反过来，一般化的思维、平庸无奇的思维，则会让人碌碌无为、默默无闻。

无论是企业的经营管理，还是个人的发展，都是一个在不断开创新的思考中选择和变化的过程。思维是决定企业和个人成败的关键因素，思维不同，解决问题的方法不同，由此会产生截然不同的结局。成功者之所以成功，就在于他们能够不断思考、开拓创新，进而突破人生中的一个个难题，最终取得成功；平庸者之所以平庸，则在于他们墨守成规、画地为牢、抱残守缺，遇事不善于思考，不主动改变自己，最终成为社会的落伍者。

在生活和工作中，我们常常为诸多复杂的问题和难题烦恼不已，为找不到高效的解决问题的思维方式而自责灰心。"他山之石，可以攻玉"，学习和借鉴成功人士的思维技巧是提高我们思维能力的一个捷径。社会发展和进化的过程也是人类思维发展和进化的过程。在人类漫长的自我探索和改造世界的过程中，各行各业的先驱们不断开发大脑，总结思维规律，逐渐形成了解决问题、辨别真伪、开拓创新的思维体系。这些闪烁着智者之光的世界顶级思维，汇集了经济巨匠、心灵导师、管理领袖等各领域精英人士的思维精华，是人类思维长河中大浪淘沙后的智慧沉淀。它们是一把把开启思维之门的钥匙，能帮助我们打开一个个新的天地，让我们从纷乱的表象中看到其本质，然后顺势而为，收到事半功倍之效；它们是一盏盏照亮人生的明灯，指引我们在黑暗中摸索前进，让我们在人生的道路上少走弯路、少受挫折，以至更快地走向成功。

一、什么是思维力

思维力是通过多维立体的思考找出一类事物共同的、本质的属性和事物间内在的、必然的联系方法的能力，属于理性认识。

二、具体的思维方法分类

发散思维法，是根据已有的某一点信息，运用已知的知识、经验，通过推测、想象，沿着不同的方向去思考，重组记忆中的信息和眼前的信息，进行产生新的信息。它可分为流畅性、变通性、独创性三个层次。

聚合思维法，又称求同思维。是指从不同来源、不同材料、不同方向探求一个正确答案的思维过程和方法。

目标思维法，即确立目标后，一步一步去实现其目标的思维方法。其思维过程具有指向性、层次性。

逆向思维法，它是目标思维的对应面，是从目标点反推出条件、原因的思维方法。它也是一种有效的创新方法。

移植思维法，是指把某一领域的科学技术成果运用到其他领域的一种创造性思维方法，仿生学是典型的事例。

联想思维法，包括相似联想、接近联想、对比联想、因果联想。

形象思维法，指通过形象来进行思维的方法。它具有的形象性、感情性，是区别于抽象思维的重要标志。

演绎思维法，是从普遍到特殊的思维方法，具体形式有三段论、联言推理、假言推理、选言推理等。

归纳思维法，是根据一般寓于特殊之中的原理而进行推理的一种思维形式。各种思维是抽象上的抽象可混和随机而用。

三、思维训练方法的书目推荐

《学会提问》：批判性思维。

《金字塔原理》：结构化逻辑思考，论文写作与问题解决原则。

《思维导图》：表达发射性思维的有效的图形思维工具。

于雷的《逻辑思维训练 500 题》。

陈书凯的《200 个聪明人的逻辑思维游戏》。

彭漪涟、余式厚的《趣味逻辑学》。

7.4 阅读力的培养

"想让一个孩子变得更聪明，是多么简单啊，让他去大量阅读吧！书籍就是一根魔杖，会给孩子带来学习上的一种魔力，能让他的智慧晋级，在学习和才能上更有潜力。"

这是教育学者尹建莉在《好妈妈胜过好老师》中的阐述。

为什么阅读对孩子的智力和学习有这么大的影响呢？教育家苏霍姆林斯基曾经从心理学的视角进行分析，他认为孩子"缺乏阅读能力，将会阻碍和抑制脑的极其细微的连接性纤维的可塑性，使它们不能顺利地保证神经元之间的联系"。因此，苏霍姆林斯基认为"谁不善阅读，他就不善于思考"。他同时指出缺乏阅读的坏处，"为什么有些学生在童年时期聪明伶俐、理解力强、勤奋好问，而到了少年时期，却变得智力下降，对知识的态度冷淡，头脑不灵活了呢？就是因为他们不会阅读！"相比之下，"有些学生在家庭作业上下的功夫并不大，但他们的学业成绩却不差。这种现象的原因，并不完全在于这些学生有过人的才能，是因为他们有较好的阅读能力。而好的阅读能力又反过来促进智力才能的发展"。

一、什么是阅读力

孩子的阅读能力决定了他的学习能力，而阅读能力只能从日复一日的阅读中习得。阅读的能力包括四大板块。

一是检索的能力，即查阅工具书的能力。比如说查阅字典的能力；或者去了图书馆，能够按照图书的目录，使用具体的软件去查阅自己喜欢的工具书的能力。

第二是理解的能力，即对文章从内容到形式以及语言的理解程序，也就是知道这篇文章是什么人写的，讲了什么事，大概的内容是什么等。

第三是分析的能力，即对文章从内容到形式各个方面进行分析，进而发现问题的能力。也就是说，当你读到文章的时候，感觉到这篇文章主人公处理问题的方法有哪些，你还会用到哪些方法，等等，这都属于分析问题的能力。

第四是归纳的能力。这本书的主要内容是什么？怎么样表达的？有什么样的中心思想？想要告诉我们的一个主要的价值观是什么？

二、影响阅读能力的原因是什么

要问当今父母"培养孩子阅读能力最大的障碍是什么"，相信多数父母都可能脱口而出：电子产品。是的，当今很多父母都能够意识到这一点，却无法跨越这个障碍。原因何在？主要原因恐怕是商家准确捕捉到了都市人生存的现状，精准投放了各类电子游戏、短视频的宣传，以其声光电色等丰富立体的内容和表现力牢牢锁住当代大多数都市人的休闲时间，且有向未成年人蔓延之势，生活中不乏三两岁娃就捧着手机刷来刷去的场景。

确实，人们在阅读电子产品的时候不仅无需费力，而且轻松愉悦，一两分钟的动画片便会让人哈哈大笑，电子游戏中甚至十几秒钟就会制造一个兴奋点，让玩家兴奋不止。相比之下，阅读却需要我们静下心来，将白纸黑字上的文字转换为生活中的画面，将一帧一帧的画面串联成生活的场景，将一个一个的生活场景与自己的生活进行连接，使人产生共鸣，从而达到精神的愉悦。这个愉悦的过程，有时候要花上很长时间，可能是半个小时，可能是半天，还可能是更长时间，这导致当代很多都市人很难静下心来持续阅读。然而，电子产品带给人的精神愉悦，像精神的鸦片一样，它是没有营养的，甚至是有害的。只有阅读给人带来的愉悦，才可以滋养人的灵魂，熏陶人的情操，增长真正的智慧。

"所有父母要意识到，从孩子出生的那一天起，就要让他感受到读书的快乐，哪怕还不识字时，也要让他认识到这个世界里还有书，让书成为家庭生活的必需品。"这是著名作家曹文轩对当代父母的叮嘱。然而中国的现状却堪忧，各级调查统计数据表明，虽然家庭阅读量近年有所增加，但平均年阅读量仍不足三本，远低于世界平均水平。因此，家长唯有真正意识到这一点，唯有率先垂范、身体力行，放下手机，捧书阅读，做孩子的榜样，孩子才可能尽早地开启阅读之路。

三、如何培养孩子的阅读能力

培养孩子的阅读能力，首先要为孩子预备合适的阅读时间与阅读空间。如果条件具备，可以给孩子准备一个自己的书房；若条件有限，最好能给孩子准备一个自己的书架。还有卧室、客厅，孩子触手可及之处，最好都有他愿意阅读的好书。每天饭后或睡前，一家人围坐灯下，各自阅读，共享静谧温馨的亲子阅读时光。还可充分享受全民阅读时代的馈赠，各大图书馆、书店、社区阅览室，都可以成为家长闲暇之际领着孩子经常驻足的地方。在孩子心中播撒阅读的种子，精心孕育种子生长。

1.选购与孩子同步成长的亲子图书。

培养孩子的阅读兴趣与阅读习惯，越早越好。在德国，人们会将特制的书放进浴缸，让孩子观察小书的漂浮；犹太民族会将书涂上蜂蜜，让孩子"品尝"书的香甜。孩子的阅读习惯养成离不开丰富的书籍。那么，如何为孩子选购书籍呢？

在孩子学龄前，宜为其主要选购图画书。但市面上的图画书众多、鱼龙混杂，因而选购时要慎重，最好以经典绘本为主。因为家长的选择，决定了孩子早期的精神营养。选购时，要关注绘本的封面、前后勒口、环衬、扉页的信息，可大致了解绘本适合的年龄段，绘本创作的背景、特色，以及价值取向等。当然，还应关注绘本的内容，不要过于单一，最好涵盖科普百科、情绪管理、意志品德等各个类型。

绘本，真实地投射孩子的生活、情感和心灵成长。爱、感恩、勇敢、坚持、包容、梦想……人世间许多美好的情感，若只在说教中传递，该是多么空洞无趣，借由绘本故事来讲则不然。还有许多父母不知如何教又必须教给孩子的内容，都可以借由读绘本、聊绘本，春风化雨地无痕渗透。比如读一读《獾的礼物》《一片叶子落下来》，带领孩子感知死亡；读一读《小威向前冲》《邪恶的礼物》，给孩子性教育启蒙，预防性侵；读一读《野兽国》《输不起的莎莉》，引领孩子学习情绪管理……试想一下，选一本好书，在温暖的灯光下，父母拥着孩子，一页一页翻，不着痕迹地读，云淡风轻地聊，整个家都充满着读书的声音，都是书香的味道，那是多么美好的画面！

2.活用与孩子同步成长的亲子共读形式。

要想培养孩子的阅读力，仅有好的阅读环境与阅读书目还是不够的。积极开展富有实效的亲子共读，至关重要。亲子共读的形式有很多，要特别说明的是，绘本分为文和图两部分，两部分同样重要，都有丰富的内涵，都值得一读再读。孩子早期可以坐在父母的膝头听父母读；随着语言能力不断发展，可以父母读一句，孩子读一句；父母读上句，孩子读下句，在跟读与接力读中更好地发展语言、培养语感，构建和谐的亲子关系。随着阅读能力的不断增强，孩子就可以进行自主阅读，甚至是为父母朗读了。

还需要关注的是，绘本中的图画是含蓄抽象的，蕴含着大量的细节、丰富的观察与想象空间。家长要充分挖掘这一资源，领着孩子一遍遍读图，在观察中发现，在交流中分享，培养孩子的读图能力，提升孩子的观察力、专注力和理解表达能力。

每位领着孩子读绘本的家长，都是了不起的家长！如果想做得更好的话，还可以成为一位与孩子"聊书"的家长。因为阅读力就是思考力。语言是思维的工具，阅读是用语言去"破译"文字背后的意义，其重要作用就是触发孩子的思考。怎么聊呢？可以根据绘本的内容去捕捉话题。以《猜猜我有多爱你》这本书为例，家长可以和孩子一边读一边表演，在声情并茂的演绎过程中，感受这本书里蕴含的浓浓的亲子之情。然后顺势跟孩子聊"爱，还可以怎样比较"，引导孩子由此发散思维：

"我画的画有多美，我就有多爱你。"

"我做的菜有多好吃，我就有多爱你。"

"我唱的歌有多动听，我就有多爱你。"

……

依托绘本，父母不仅可以和孩子一起感受阅读的快乐，还可以学习爱的表达，构建更和谐的亲子关系；又可以发展孩子的思维能力、创新能力。

随着孩子识字、阅读能力的不断提升，会进入由图画书到桥梁书以及章节书的阅读。这个时候，家长如果没有那么多时间进行全文阅读，就可以通过网络了解书籍的相关信息，围绕着"三 W（What、Why、How）"向孩子提问，也就是"是什么，为什么，怎么样"，在亲子"聊书"中分享自己的观点，提升孩子的阅读品质。如："这本书给你留下的最深刻印象是什么？"聊一聊故事的主要人物、关键情节或阅读感悟。"你觉得书中人物（或故事情节）怎么样？"让孩子说说对人物、情节的评价，尽量引导孩子结合文本来说理由，说得充分一些。"读了这本书，你还有什么疑问吗？"让孩子多提"为什么"的问题，再和孩子聊聊彼此的想法。

要再次重申的是，培养孩子的阅读能力绝非一朝一夕之功，也不能完全依托学校去做。家长应担起为人父母者的使命，引领孩子早日进入自主阅读，习得良好的阅读能力与阅读习惯。

四、培养孩子的阅读能力，家长要注意的点

阅读，是一种休闲方式，也是一种生活方式，滋养着人类的精神家园，不宜掺杂任何功利目的，更不要将阅读的目的指向提高孩子的分数。一味追求阅读活动的结果，增加了孩子的负担，必然适得其反，从而让孩子远离阅读。因此，阅读教辅书，不是阅读；做阅读题，更不是阅读。只要读物

是健康向上的，不论是名家名作也好，漫画也好，都可以让孩子先读起来，先培养孩子的阅读兴趣与阅读习惯。家长不必要求孩子一个月读多少本书，并做阅读笔记、摘抄"好词好句"、写读后感等。什么阅读目标都不要设。阅读，就是目标，去读就好。

附录 1

序	A	J	K	L	V	W	X	B	Z	C	H	M	G	F	D	R	Y	S	T	Q	I	O	P	N
1	7	1	3	2	3	3	2	4	8	6	1	0	7	9	1	5	9	5	2	0	4	7	7	1
2	7	2	9	0	3	1	0	0	3	1	8	0	5	9	7	4	8	6	0	8	2	7	9	4
3	0	4	2	6	0	4	7	3	9	4	5	6	0	7	3	5	2	3	6	3	4	4	8	1
4	6	0	9	9	4	3	0	7	0	4	1	5	9	6	8	7	6	2	9	8	3	3	8	7
5	0	9	0	0	0	5	6	7	3	3	6	4	8	9	9	9	2	8	8	2	3	8	3	1
6	5	7	7	8	0	3	5	4	2	2	0	5	3	0	9	9	2	3	6	6	6	6	5	2
7	5	2	8	0	8	1	4	1	0	8	8	6	8	8	9	3	2	3	9	1	5	6	1	4
8	1	7	4	3	1	2	7	3	0	6	0	3	8	2	9	8	8	2	2	2	7	8	0	6
9	1	5	0	9	7	2	1	6	5	8	7	9	2	4	0	6	4	7	3	0	2	4	6	8
10	1	9	6	8	5	4	1	5	1	7	1	8	0	4	8	4	9	3	0	9	8	2	0	9
11	6	0	4	7	4	0	2	4	3	8	7	8	0	2	3	1	8	2	3	0	3	2	3	2
12	2	9	9	7	4	1	8	8	8	6	3	5	7	9	8	3	4	4	7	4	3	5	7	1
13	3	3	3	1	8	9	9	7	7	6	9	9	8	4	5	2	6	2	8	7	5	7	3	6
14	9	6	3	9	9	9	2	9	2	4	4	2	1	5	8	3	1	9	2	8	0	2	2	8
15	7	4	9	9	3	5	5	5	8	9	9	8	1	7	5	8	0	5	3	3	7	6	7	4
16	4	3	1	5	3	4	0	8	7	3	5	5	8	5	3	2	4	9	3	9	2	1	5	6
17	3	3	1	1	3	2	6	9	6	4	9	1	6	1	0	6	3	5	7	7	8	2	4	4
18	0	6	1	6	6	9	2	1	0	0	2	0	9	2	3	1	6	9	4	6	9	4	0	8
19	0	8	4	3	2	1	8	6	4	4	3	8	9	3	6	7	2	1	7	4	4	3	5	0
20	2	2	9	5	8	7	8	3	1	3	8	8	1	4	9	4	6	8	6	0	6	8	8	4
21	3	7	6	6	2	5	2	5	2	4	0	9	0	9	5	7	7	7	7	0	0	8	3	6
22	6	4	0	9	5	8	3	7	6	0	2	3	7	4	4	9	4	0	0	5	2	6	0	2
23	1	5	3	7	6	0	7	1	4	7	0	7	2	1	6	4	3	1	7	3	4	6	7	9
24	0	1	5	4	4	3	7	8	9	4	0	6	6	7	7	2	6	5	3	7	7	5	6	2
25	7	5	8	1	3	6	9	4	2	7	8	9	5	2	8	9	5	3	9	8	3	0	7	0
26	4	1	7	6	0	8	4	9	9	2	4	4	8	3	7	0	7	4	6	9	0	9	8	9
27	7	4	7	6	4	5	1	3	4	5	5	1	3	1	9	9	3	2	9	8	0	1	8	5
28	4	4	2	5	0	0	6	6	6	6	0	4	5	0	9	2	0	9	9	1	0	0	7	9
29	0	9	2	7	6	1	6	2	8	5	8	7	0	7	6	2	2	5	6	8	8	2	4	3
30	1	7	7	0	8	4	1	3	6	5	7	0	3	0	4	3	1	2	4	9	6	7	2	9
31	5	5	8	3	8	1	9	8	2	6	7	1	5	4	3	4	2	4	5	4	2	2	7	6
32	8	1	0	3	3	7	8	1	2	7	5	0	7	6	2	2	4	0	1	4	7	7	7	4
33	9	1	9	0	0	2	1	6	2	5	9	5	3	3	9	9	0	7	3	4	6	7	1	2
34	7	2	8	2	2	3	9	2	4	9	1	3	1	2	9	4	8	1	4	4	6	5	3	2
35	2	2	3	1	0	7	3	5	0	0	2	5	8	2	7	2	0	6	2	2	0	7	7	4
36	9	9	0	6	0	7	3	1	9	3	1	0	8	5	2	8	2	3	2	3	9	9	6	2
37	1	0	0	8	5	7	8	4	0	8	4	9	7	4	5	3	5	8	2	6	7	3	8	7
38	3	2	8	1	0	7	5	0	5	7	1	0	0	9	2	8	9	1	7	3	2	9	6	9
39	2	5	5	6	1	4	4	6	0	2	2	3	1	2	1	9	3	4	4	0	1	2	5	8
40	5	0	6	6	3	6	4	0	5	1	9	5	1	9	8	3	2	1	3	9	7	0	0	3

附录 2